新 管理職 1年目の 教科書

外資系マネジャーが 必ず成果を上げる 36のルール

櫻田 毅 Takeshi Sakurada

東洋経済新報社

はじめに

本書は、2017年12月に出版した『管理職1年目の教科書』に大きく加筆修正を行った新版です。旧版は出版と同時に大きな反響を呼び、おかげさまで重版を重ねながらロングセラーとして多くの方に読んでいただきました。

旧版の出版以降も、環境は大きく変わり続けています。今回の新版改訂の目的は、時代と関係なくチーム・マネジメントの軸として持つべき考え方を維持しつつも、初めて管理職となった皆さんが、変わりゆく環境に、より一層適応できるような仕事術をお届けすることです。

雇用環境の大きな変化

いま起きている典型的な環境変化は、ＡＩ（人工知能）やビッグデータ、ＩｏＴ（モノのインターネット）やロボット化などに代表される、第４次産業革命と呼ばれる技術革新と社会変化です。企業も生き残りをかけて事業の新陳代謝を進め、競争力を維持するための人材戦略も変わりつつあります。

それを象徴するのが、日立製作所や富士通などに代表されるジョブ型雇用システムの導入です。職種と役職ごとにジョブ・ディスクリプション（職務記述書）で仕事の内容と報酬額を定義し、その要件に合致する能力を有する人をそのポストに配置する仕組みです。原則として本人の同意なしに他職種への異動はなく、長らく日本企業に根付いていた、ジョブ・ローテーションで幅広い能力をつけていくメンバーシップ型の雇用システムからの大転換です。

もう1つの変化が、年功序列制度で給与水準が高くなったベテラン社員を対象とした財務体質改善型のリストラから、年齢に関係なく今後の事業に対応する能力の有無を基準としたビジネス戦略型のリストラへの移行です。黒字の状態でも断行することから「黒字リストラ」と呼ばれています。事業の新陳代謝を行う企業にとって必要な人材を確保するため、報酬体系も、年齢ではなく、仕事ができるかどうかが基準になります。

このような雇用環境の変化に加えて、働き方改革やワークライフバランスが叫ばれ続け、さらに、新型コロナウイルス感染拡大に伴うテレワークやオンライン会議など、私たちの仕事の形態も大きく変わりました。

2倍働いて3倍稼ぐ外資系企業のビジネスパーソンたち

私が初めて管理職になったのは36歳のとき、日興證券（当時）で課長として10人の部下を持ったときです。造船会社のエンジニアから転職して6年目のこと、そのときの緊張感はいまでも鮮明に覚えています。幸いにも、部下、同僚、上司に支えられながら、異動はあっても管理職としての道を歩み続けることができました。

その後、米国の資産運用会社ラッセル・インベストメントの日本法人に移ってからは、資産運用コンサルティング部長、執行役COO（最高執行責任者）として米国人社長・CEO（最高経営責任者）とともに経営に携わります。

このようなキャリアの中で、私は、日本企業、外資系企業で成果を出し続ける、トップクラスのビジネスパーソンの人たちと働く機会を持つことになります。

特に印象深かったのは、ジョブ型雇用のシステムで高い成果を求められる、日本企業の将来を先取りしたかのような米国企業での経験です。「日本人の2倍働いて3倍稼ぐ」と言われる彼らの仕事ぶりは、私の成長に大きな影響を与えてくれました。もちろん、2倍働くというのは倍の時間働くという意味ではなく、同じ時間でも倍の成果を出す高い生産性という意味です。本書でも、彼らから学んだ仕事術を、具体的な事例とともに多数紹介しています。

時代が変わっても変わらない「マネジメントの背骨」

さて、初めて管理職となったあなたが、最初にしっかりと認識しておくべきことを3つお伝えします。これは、どのような時代であっても不変の「マネジメントの背骨」です。

1つ目は、管理職の役割は「チームの成果の最大化」であるということです。

したがって、あらゆる活動がそこへ向けたものでなければなりません。仕事の計画をはじめとして、会議の開催やチーム内のコミュニケーション、部下の育成に至るまで、すべてチームの成果の最大化へ向けての活動なのです。このことをしっかりと肝に銘じておくことが、管理職として軸のブレない判断基準を持つことになります。

2つ目は、チームの成果の最大化を「生産性の高いやり方」で実行するということです。限られたヒト、モノ、カネで単位時間当たりのアウトプットを高めるマネジメントです。

ただし、業務の効率化による生産性の向上には限界があります。いまのような正解のない時代において求められるのは、仕事の進め方や取り組み方を磨きあげることで、仕事そのものの質を大きく高めていくマネジメントです。

３つ目は、あなたと部下の「価値ある人材への成長」です。

生産性の高い仕事を実現するのは、言われたことをただ行うような人ではなく主体的な判断で自ら行動する人、経験のない局面でもスピード感と柔軟な発想を武器に臨機応変に対応できる人たちです。あなたと部下がそのような人材へと成長していくことが、生産性を高めてチームの成果を最大化していくのです。それは、どのような時代であっても必要とされ続ける、高い人材価値を有したビジネスパーソンへの成長でもあります。

管理職として磨くべき6つの力

以上の３点を踏まえ、それを実現していくために管理職としてのあなたに必要なことは、次の６つの力を磨いていくことです。

1　迅速な意思決定力
2　スピード感を生む仕事力
3　生産性を高める仕事力
4　正しく権限委譲を機能させる力
5　自律型人材を育成する力
6　最強チームを構築する力

これらの項目自体は、特定の企業や組織の中だけで役に立つものではなく、どこでも通用する仕事力です。新版でも「マネジメントの背骨」と「6つの力」という、本書の根底を流れる思想は旧版を踏襲しております。

ただし、6つの力を高めていくための具体的なアクションは、環境変化に応じて進化させていく必要があります。旧版では、私が間近に見てきた一流のビジネスパーソンたちの仕事ぶりを多数引用しながら、具体的なノウハウを「36のルール」として紹介しましたが、新版では、環境変化により一層適応させるために、その3分の1を入れ替えて、残りの項目も随所に加筆修正を入れております。

それぞれのルールとその背後にある理由を理解して、あなたに合った形で身につけていくことで、「生産性の高いやり方」と「価値ある人材への成長」を伴いながら、「チームの成果の最大化」を実現できる管理職へと歩みを進めていかれることを願います。

本書が、変わりゆく時代の中で管理職としての一歩を踏み出すあなたが、縁あって部下となったメンバーとともに、良き職業人生を送っていくための一助となれば幸いです。

第1章 迅速な意思決定のルール

第2章 スピード感を生む仕事のルール

第3章 生産性を高める仕事のルール

第4章 正しく権限委譲を機能させるルール

第5章

自律型人材を育成するルール

第6章 最強チームを構築するルール

第1章

迅速な意思決定のルール

どのような時代環境であっても、仕事の流れは基本的に「決めて実行する」ことの繰り返しです。そこで、管理職がなすべき重要な仕事の1つは、迅速かつ的確に「決める」ことで、チームを前に進めることです。特に、いまのように正解がなく不透明な時代においては、この「決める」ということはますます重要性を増してきます。

思うように成果が出せないチームには、管理職が「決める」ことに時間をかけすぎる、あるいは「決める」ことができないため、仕事が停滞しているという問題があります。これは経営者レベルにも見られる問題ですが、ましてや、まだ経験が浅い新任管理職の場合、どうしても判断に慎重になってしまいます。

しかし裏を返せば、迅速に質の高い意思決定を行うことができれば、チームにスピード感が生まれ、仕事はどんどん前に進んでいくのです。

決めることができない理由には、論理的要因と心理的要因の2つがあります。

「論理的要因」は結論に至るプロセスに関するものです。必要な情報が不足していること、意思決定のための検討方法や判断の基準がないこと、あっても曖昧なことなどです。そのため、何度考えても思考が空回りして、結論へ向けて収束できないのです。

これに対して「心理的要因」は、失敗することへの恐怖や、決めたことを実行することへ

図表01 意思決定を阻害する2つの要因

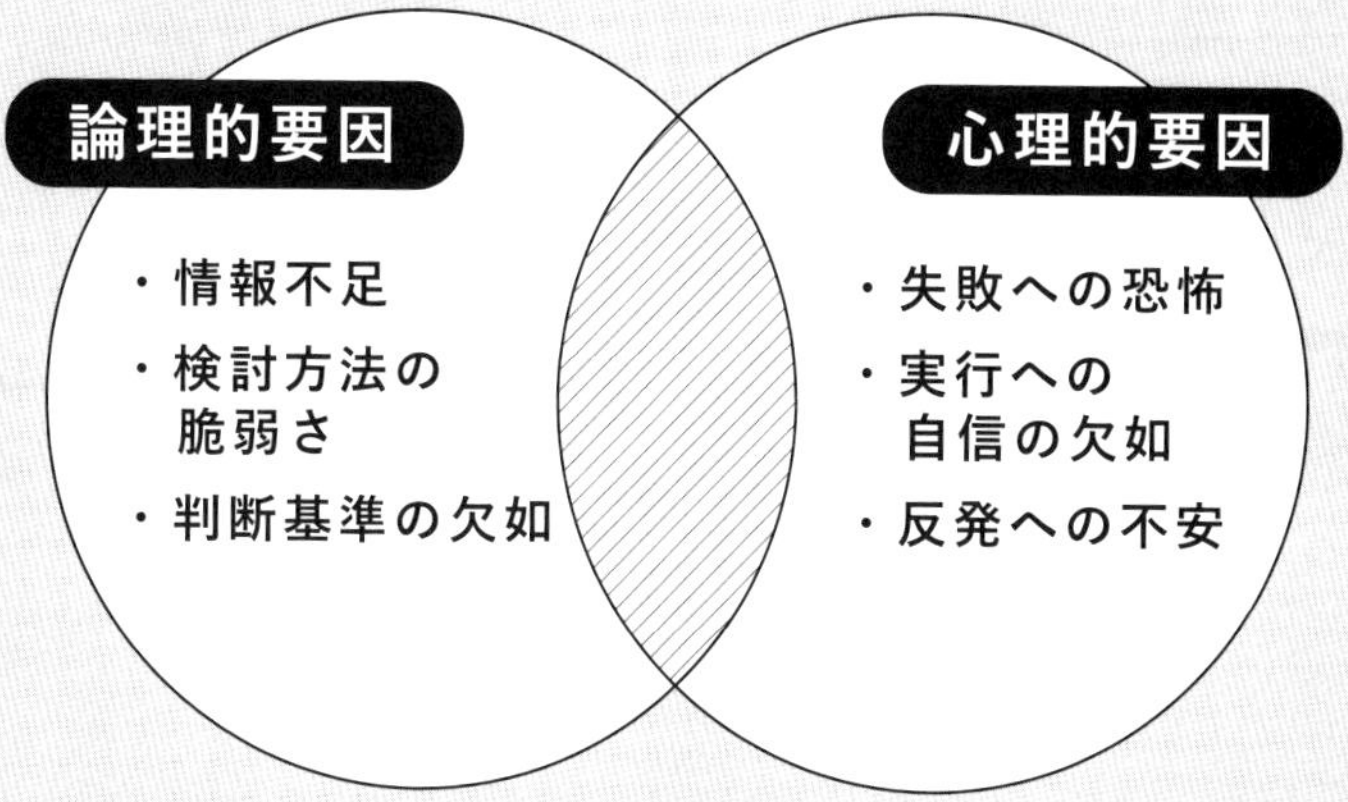

の自信のなさ、出した結論に対する反発への不安などの心の抵抗です。心理的要因によって固められている心のガードは、「大丈夫だ、自信を持て」と言われても、そう簡単に打ち破ることはできません。意思決定の経験を繰り返す仕組みによって慣れていくことが必要です。

「1日決断が遅れれば1日仕事が遅れる」というのは紛れもない事実です。本章では、管理職としてチームを前に進めるために、これら2つの要因を克服しながら、迅速かつ質の高い意思決定を行うための方法を紹介します。

RULE 01

「いつまでに決めるか」を決める

「慎重な人」のままでは
無能扱いされる

米国の資産運用会社で私の上司だったCEO（最高経営責任者）のM氏から頻繁に聞かれた質問は、「By when?（いつまでに？）」です。「期限のない仕事など、ソーセージのないホットドッグと同じでありえない」ということで、仕事と期限は必ずセットにすべしということです。しかも、最終的な仕事の締め切りだけでなく、その過程で発生する「決める」という行為に対しても「By when?」の嵐です。

意思決定に慣れるための「決断のデッドライン」

櫻田「では、このミニ・プロジェクトのデッドライン（締め切り）は90日後で」
M氏「それで頼む。で、最初にやることは？」
櫻田「まず、必要なメンバーを決めることですね」
M氏「By when?（いつまでに？）」
櫻田「で、で、では今日中に」
M氏「OK、決めたらメール頂戴」
櫻田「イエッサー！」

仕事は「決めて実行する」ことの繰り返しです。そこで、いつまでに実行し終わるのかという最終的なデッドラインだけでなく、その途中にある「決める」という行為に対してもデッドラインを設けるのです。さもないと、「○○が決まってないので先へ進めません」という言い訳が横行し、仕事はずるずると遅れてしまいます。

新任管理職のうちは、決めることへの不安から、これも検討しておいた方がいい、この場合の対応も考慮しておいた方がいいと、何かと理由をつけて決断を先延ばししたくなります。最初のうちは「慎重な人」と思われるだけで済みますが、そのような状態を続けていると、やがて「臆病な人」に格上げされ、「決断できない人」へと昇格を遂げ、ついに「無能」にまで上り詰めます。外資系では「無能」イコール不要人材です。

決めることが不安だという心理的要因を乗り越えるためには、無理やりでも決めるという行動を起こし、意思決定に慣れていくことです。それを支援するのが、その日までに決めなくてはならないという「決断のデッドライン」です。車の運転に慣れるには運転をするしかないのと同じで、決めることに慣れるには決めるしかありません。決めるから慣れる、慣れたからまた決めることができるという順番です。

思ったタイミングの半分で設定する

決断のデッドラインのタイミングは「できるだけ早く」です。決断のデッドラインそのものを先延ばしにしたのでは意味がありません。決断に自信がない人ほど、「安全を見て２週間後」とやってしまいがちなので、自分が思ったタイミングの半分ぐらいに短縮しておくとよいでしょう。短期間で決めることを繰り返しているうちに、決断力は高まっていきます。

もし、決めたあとで間違いに気づいたら修正すればよいだけです。というか、そもそも人や組織はよく間違えます。もし、時間ギリギリまで粘って決めたあとに間違いに気づいたとしたら、時間切れアウトで手を打つことができません。しかし、早めに決めて早めに行動を起こしていれば、修正をかけて再挑戦することができます。

やってみるからこそわかることもたくさんあります。外資系企業界隈では、「間違った決断は決めないことよりもましである」と言われるほどです。

迅速に意思決定をしている自分の姿を見せながら、部下に対しても「いつまでに決めるの？」と問いかけていけば、迅速な意思決定力のあるチームへと成長していきます。

RULE 02

迷ったときは「目的」に立ち返る

情報が多いほど
意思決定の精度が
上がるという勘違い

決断のデッドラインは意思決定を促す効果がありますが、それでも「そうは言っても、不十分な情報で決めるわけにはいかない」との声が出てきます。このような人たちの多くは、情報が多ければ多いほど意思決定の精度が上がると考えています。しかし、それは単なる思い込みに過ぎません。

転職面接での質問はたった2つだけ

そもそもビジネスにおいて、必要な情報が完璧にそろうことなどありません。それがわかっている人は、限られた情報でも毅然とした意思決定を行っています。なぜそれが可能かというと、的確な「判断基準」を持っているからです。

私が日本の証券会社から外資系企業へ転職するときのことです。日本法人で一通りの面接が終わったあと、米国親会社の幹部・ロジャー（仮名）との電話面接がありました。軽く挨拶を交わしたあと、先手必勝とばかり、「では自己紹介から……」と切り出したところ、「その必要はない。その代わりに2つの質問に答えてくれればそれでいい」とのこと。

1つ目の質問は、「資産運用コンサルティング・ビジネスにおいて、日本で勝つためには何をすればよいと思うのか?」。不意打ちを食らって脳がエンストを起こしそうになったところを、どうにかこらえて必死に答えました。多少のやり取りをしたあと、2つ目の質問です。「では、なぜ、あなたにそれができると言えるのか?」。落ち着きを取り戻しながら、私の専門性や実績などを誠実に回答したところ、「OK、サンキュー」で終了、わずか20分です。

たった2つの質問で終わった衝撃的な面接でしたが、あとで考えると、おそらくロジャーは明確な判断基準を持って私との面接に臨んだのだと思います。すなわち、「この人は、資産運用コンサルティング・ビジネスで成功する方法を熟知していて、それを実行できる人なのか」という一点です。

高密度の会話によって最短時間で必要な情報を手にしようとする、外資系の一流のマネジメントの片りんに触れた気がしました。入社後も、ロジャーには何度もビジネスをサポートしてもらいましたが、いつもスパッとその場で決断する姿は相変わらずでした。

そもそもこの件の目的は何だったんだ?

何が判断基準としてふさわしいかは、置かれた場面やその人の考え方によって異なってきますが、絶対に外してはならないのが「目的」です。目的とは簡単に言えば、「何のためにそれをやっているのか？」です。これをしっかりと見据えている限り、大きく判断を間違えることはありません。証券会社時代、私が判断に迷ってオタオタしていると、上司のYさんからよくこのように詰められていました。

Yさん「さくらだ〜、そもそもこの件の目的は何だったんだ、あ〜？」
櫻田「も、も、目的は○○でした、ハイッ」
Yさん「んじゃ、どうすんだよ、あ〜？」

ロジャーの面接目的も、資産運用コンサルティング・ビジネスで勝つための人材採用でした。それと照らし合わせれば、質問は2つで十分だったのでしょう。

逆に、目的を見失ってしまうと、枝葉末節に目が行って的確な判断ができなくなります。目的意識の欠如は、意思決定を阻害する論理的要因の1つです。判断に迷ったときには、「そもそも、この件の目的は何だったのか？」と目的に立ち返ることで、どう決めればよいのかが見えてきます。

危機のときには「判断基準の単一化」を

世界最大のタイヤメーカー・ブリヂストンの元CEO荒川詔四氏が、著書『優れたリーダーはみな小心者である。』（ダイヤモンド社）の中で次のような経験を語っています。

ブリヂストン・ヨーロッパのCEOに就任したとき、事業全体が厳しい財務状態に陥っていた。特に、ある子会社が経営の足を引っ張っていた。そこで、その子会社を立て直すにあたって、次のようなメッセージを発した。「売上とシェアは捨てていい。結果については私が責任を持つ」。つまり、事業規模を縮小させてでも健全な事業体に作り替えることを優先させたのである。子会社は利益確保に全力を集中させた結果、最悪の事態を回避した。

事業活動は売上、シェア、利益など、複数の指標を意識しながら進める必要がありますが、その優先順位があやふやだったり、すべてが大事だと考えてしまうと、各所にコンフリクトが起きて何もできなくなってしまいます。特に、事態が悪化しているときは、それが原因となって最悪の結果を招きかねません。そのようなときこそ、判断基準に関するリーダーの強いメッセージが重要になってくるのです。

事態が悪化しているときに必要なのは「捨てる決断と判断基準の単一化」です。荒川氏は売上とシェアを捨てるという決断をした上で、利益重視という単一の判断基準をメッセージとして発しました。危うい状況だからこそ、優先させるべきことを1つに絞り込むことで、関係者の判断に迷いを生じさせないようにしたのです。

捨てる決断はメンバーにはできません。できるのは組織のリーダーです。これは勇気のいることですが、それをやるからこそメンバーの信頼を集めるのです。

ちなみに、破綻寸前だった子会社は財務体質を健全化したのち、売上とシェアを再び回復させたそうです。一度捨てたものでも、最悪の状態を脱しさえすれば、再び挑戦して取り返せる可能性はあるのです。

RULE 03

「失敗したらこうしよう」と事前に決めておく

「失敗したらどうしよう」と思うから不安がなくならない

すでに紹介した「決断のデッドライン」に加えて、決めることへの不安という心理的要因を低減させるのが、失敗したときにどうするかを事前に決めておくことです。

「管理職になって決めるべきことが急に増えたが、失敗したらどうしようという不安が頭から離れず、決められずにいる」――新任管理職のNさんから聞いた言葉です。管理職としての責任と影響の大きさを自覚しているがゆえの悩みだと思います。

ただ、正解のない不透明な時代においては、「やってみないとわからない」というのが現実です。私たちに必要なのは、検討に多くの時間をかけることではなく「やってみて修正する」というスタイルです。そして、そこに立ちはだかるのが、Nさんのような「失敗したらどうしよう」という不安心理です。

この心理の問題点は、「どうしよう」と思っているだけだからです。人は先が見えなければ見えないほど、大きな不安を抱きます。「どうしよう、どうしよう」と言っているだけでは不安は増すばかりです。この問題を解決するためには、「失敗したらどうしよう」ではなく、「失敗したらこうしよう」と前もって決めておけばよいのです。

「失敗したら修正しよう」「失敗したらやり直そう」「失敗したら原点に戻ろう」と決めてお

くと、少なくとも先が見えない不安は低減します。

「やってみて修正する」という仕事のスタイル

競争の激しい資産運用業界で70年以上も生き抜いてきた米国のある資産運用会社の話です。同社が新しい運用手法を開発するときは、ある程度のアイデアがまとまった時点で、会社の自己資金でパイロットファンドを立ち上げ、実際に市場で運用してみるそうです。証券市場は生き物ですから、コンピュータ上のシミュレーションでは把握できなかった想定外のことがいくつも起きます。運用して見えてきたことを、改善点として反映させながら商品の安定性を増した上で、顧客資産の運用へと展開していくそうです。

百回検討するよりも1回やってみる方が、早く確実に物事は明らかになるのです。

この会社の社員たちは、実際に運用してみてうまくいかなければどうしよう、などとは思っていません。パイロットファンドの運用を始める時点で「うまくいかなければ修正しよう」と決めているのです。むしろ、「やってみて、修正しながら精度を高めていく」という考え方を仕事のスタイルとしているのです。

私の周りにいるスピード感のある人たちも、たとえ失敗の可能性があったとしても、「さっさと決めてやってみる」ことを優先させています。検討に十分な時間をかけるよりも、やってみた方が早くわかるからです。やってみてわかったことを修正していけばよいと決めているのです。

これは、「わかったからやる」のではなく「やったらわかる」という発想です。彼らにとって「失敗は成功への踏み台だ」という感覚です。そういう意味で、「決断のデッドライン」のタイミングも、早ければ早い方がよいでしょう。「決断のデッドライン」をすぐ先に定めるからこそ、早くやってみて早く修正するというサイクルが実現するのです。

反対に、一発で正解を出そうとして検討に時間をとりすぎてしまうと、困難やリスクがたくさん出てきて意思決定ができなくなってしまいます。大して重要ではないことがノイズとなって、問題の本質を見えなくしてしまうこともあります。

「やってみたからわかった」という典型例がコロナ禍でのテレワークです。コロナ禍前の２０１９年の意識調査では、テレワークについて「実施してみたくない」という回答が75％

図表02「わかったからやる」と「やったらわかる」

	×わかったからやる	○やったらわかる
重視するのは	検討する力	修正する力
失敗は	避けるべきもの	成功への踏み台

その結果

スタートは	遅い	迅速
失敗したら	時間切れ	やり直せる
ゴールへの到達は	遅い	迅速

を占めていました（注1）。しかし、コロナ禍で実際にテレワークを経験したあとの反応はまったく違うものです。「コロナ禍収束後もテレワークを行いたいか」という質問に対して、「そう思う」「どちらかと言えばそう思う」と回答した人が76・7%にものぼっているのです（注2）。コロナ禍前後で、テレワーク否定派と肯定派の比率が完全に逆転したのです。テレワークの利点が「やってみたからわかった」のです。

コロナ禍で半強制的に訪れたテレワーク経験ですが、管理職としての私たちは、自分たちの意思で「やってみる」を進めていかなければなりません。

カップヌードルでおなじみの日清食品ホールディングスには、創業者・安藤百福氏の理念を元にした「日清10則」という行動原則があります。その中の1つが、「迷ったら突き進め。間違ったらすぐ戻れ」です。「失敗したらどうしよう」ではなく、「失敗したら戻って再度挑戦しよう」と決めているのです。この姿勢が、競争が激化する食品業界において業績を伸ばし続けている同社の原動力ではないかと思います。

私たちは誰もが仕事を成功させることを望んでいますが、「成功」の反対は「失敗」ではありません。失敗は成功への踏み台にしか過ぎません。成功の本当の反対は「何もしないこと」です。何もしなければ失敗しませんが成功もしません。しかしそれでは、変化の時代にチームを牽引する管理職として「失格」ではないでしょうか。

失敗したときにどうするかを事前に決めておき、素早い「決断のデッドライン」のタイミングで迅速に決めて、迅速に実行する仕事のスタイルが早く成果に到達します。

注1：総務省（2019）「平成30年 通信利用動向調査（世帯構成員編）」令和元年版情報通信白書
注2：公益財団法人日本生産性本部「第11回働く人の意識調査」（2022年10月28日）

RULE 04

「ここまでやったのだから」は1ミリも続ける理由にはならない

「コンコルド」の失敗と「インテル」の成功に学ぶ

資産運用会社の仕事は、投資家から委託された資金を株式や債券などに投資して、目標に応じた利益を出すことです。その投資判断をしているのがファンドマネジャーと呼ばれる人たちで、詳細な企業調査と独自の判断基準に基づいて選んだ企業に投資します。

買った株が値下がりしたときにどうするか？

「買った株が値下がりしたときの判断が難しい」という声をよく聞くので、ある資産運用会社の辣腕ファンドマネジャーP氏に、そのことを聞いたことがあります。時給ウン万円換算の高給取りであるにもかかわらず、ていねいに答えてくれました。

結論は「状況が変わったのか変わらないのかによる」とのこと。

その企業の業績などと比較して、いまの株価が割安だと判断したから買ったのである。値下がりしても前提条件に変化がなければ、かえって割安度が増したことになるので持ち続ける。しかし、見過ごしていた情報が明らかになったり、業績の読み違いだったりした場合、分析の前提が変わった、すなわち状況が変わったので損切り（損失覚悟の売却）する。

売るべきときに、「ここまで持ったのだから」とか「いま売ると損が出るから」などと考えてダラダラと持ち続けると、たいてい大損する。「いまだったら、その株をあらためて買うのか？」と自問してイエスなら保有、ノーなら売却とのこと。

このようにして投資銘柄群を常にベストの状態にしておくことが、運用を任されているファンドマネジャーとしての責任だと言うのです。

いま、もう一度やるとしたら同じことをやるか？

仕事でも、うまくいかないことが薄々わかっていても、「ここまでやってきた」ことを理由に、その状況から目をそらしてしまうことがあります。「ここまでやってきた」ということと「この先うまくいく」ということの間には、論理的には何ら関係がないにもかかわらず思考を止めてしまうのです。これは、適切な決断を阻害する心理的要因の1つであり、背景には次のような心理があります。

①失敗を認めたくないという自己防衛の気持ち
②投じた資金を損失として確定させることへの抵抗
③もしかしたら一発逆転できるかもしれないという根拠のない期待

図表03 判断の根拠は「過去」ではなく「現在」

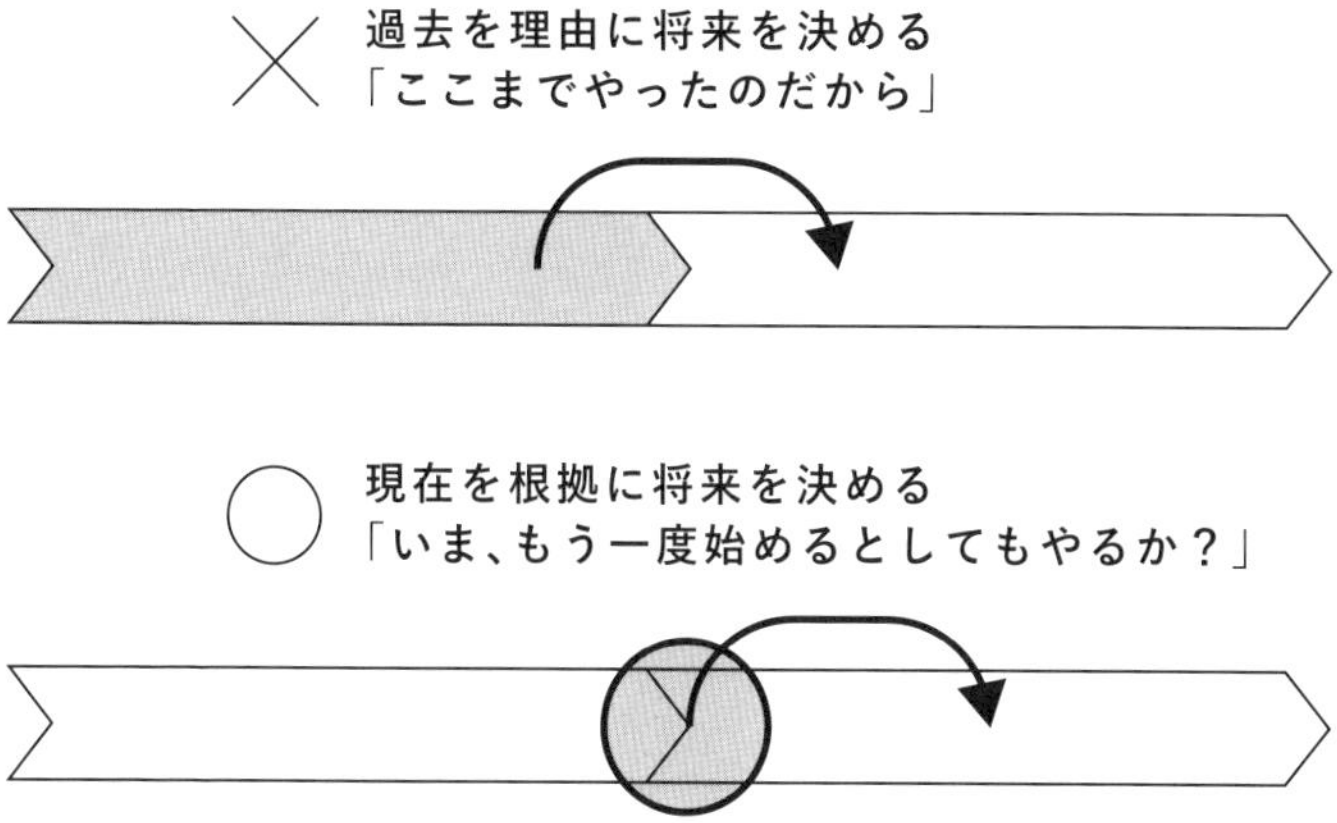
過去を理由に将来を決める
「ここまでやったのだから」
現在を根拠に将来を決める
「いま、もう一度始めるとしてもやるか？」

しかし、これすなわちP氏の言う大損パターンです。このようなときの判断基準は「ここまでやったのだから」という過去ではなく、「いま始めるとしても、同じことを同じやり方でやるのか？」といった現在に置くべきです。

状況が変わっておらず「イエス」であれば続行です。

状況が変わったので「ノー」であれば修正または終了です。

「ここまでやったのだから」という判断は「ノー・サンキュー」です。

大失敗の「コンコルド」と大成功の「インテル」

「ここまでやったのだから」という理由で続けてしまう心理現象は、「コンコルド効果」と呼ばれています。「コンコルド」は1960年代にマッハ2・0をうたい文句に英仏の企業が開発・製造に取り組んだ、世界初の超音速旅客機の名前です。

しかしながら、膨大な開発費の影響でバカ高い機体価格、燃費も激ワル、おまけに凄まじい騒音。「このまま開発を続けても採算はとれないのでは……」との声が出ているにもかかわらず、政府による赤字補塡のもとで継続されました。ここで中止したらこれまでの投下資金がパーになる、費やした時間もパーになる、誰かが責任をとらなきゃならない、つまり「ここまでやったのだから」という理由です。

その結果、250機の販売で採算がとれるという計画に対して、売れたのはわずかに16機。メガトン級の大赤字を残して幕を閉じます。関係者にとっては二度と思い出したくない黒歴史でしょう。ちなみにコンコルド（Concorde）とは「協調」という意味です。「ここまでやったのだから」で関係者がいい加減な協調をしてしまったというのは皮肉なものです。

これに対して、現在マイクロプロセッサ（超小型演算処理装置）界の王者として君臨している米インテル社は、80年代に、当時の主力事業であったＤＲＡＭ（半導体メモリの一種）から撤退するという大きな決断を行いました。一時、実質的に市場を独占していたＤＲＡＭ事業ですが、低価格・高品質の日本企業の猛追にあい、利益率の低い価格競争に巻き込まれていたのです。

のちにＣＥＯとなるアンドリュー・グローブ氏が「自分がクビになって、過去にしがらみのないＣＥＯが外部から来たらどうするだろうか？」という問いを自分たち経営陣に発することで、過去ではなくゼロベースで未来に目を向けた決断ができたのです。「ここまでやったのだから」という発想からの決別が、いまの成功へとつながっています。

もし、あなたのチームの中で、うまくいっていないにもかかわらず「ここまでやったのだから」という理由で続けている仕事があったとしたら、即刻検討し直すべきです。「いま始めるとしても、同じことを同じやり方でやるのか？」と自ら問い、継続か、変更か、終了かを判断するとよいでしょう。インテル社のように、何かをやめることは次の成功を手にするためのステップになるのです。

RULE 05

10分で結論を出せないときは誰かと話す

考えているつもりで、
実は迷っているのだから

何かの結論を出そうとするとき、正解のある問題に対して取るべきアクションは「調べる」です。過去の事例を調べたり、同じ問題を解決したことのある人に聞いたりすることで正解が見つかるからです。

一方、正解のない問題に対して取るべきアクションは「考える」です。ただし、自分ひとりで考えすぎても、いたずらに時間ばかり過ぎてしまいます。私の経験上、10分考えて結論が出ないときは1時間考えても出ません。考えているのではなく迷っているからです。

つまり、結論への筋道を論理的に整理しようとしているのではなく、こちらを取ればあちらを失う、あちらを立てればこちらが立たないといった、二律背反のタコツボにはまり込んでいるのです。このようなときの対処法は、いつまでも自問自答を続けるのではなく、誰かと話をすることです。

米国系企業で同僚だった高橋さん（仮名）は、考えに行き詰まると、よく私の席までやってきて、あーだ、こーだと勝手に話し始めていました。私は問題の当事者ではないのですが、少しでも役に立てばと精一杯話し相手になっていました。しかし、しばらく話をしているうちに高橋さんは、「あー、そういうことか、わかった、わかった」と勝手に答えを見つけて去っていくのです。

これは「オートクライン」と呼ばれる脳の機能です。人は他の誰の言葉よりも自分の言葉をよく聞いています。人と話しながら自分が発した言葉を自分自身で聞いているうちに、次第に考えが深まったり気づきが起き、問題が整理されていくのです。

誰かと話しているうちに、相手が正解を言ってくれたわけでもないのに、「ああ、そういうことだよな」と自分で納得して結論を出せてしまう――あなたにも、このような経験がないでしょうか。会話を通して「オートクライン」が起き、頭の整理ができたのです。これが、正解のない問題に対して取るべき「考える」というアクションをサポートしてくれます。

効果的にオートクラインを起こすには

高橋さんのように効果的にオートクラインを起こすには、いくつかのコツがあります。

言葉のキャッチボールをすること

オートクラインは自分の言葉を自分の脳にインプットすることを繰り返す作業です。考えたことや気づいたことを、整理できていなくてもどんどん話してみることです。ただ、自分が一方的に話しすぎると普段の思考領域の中で閉じてしまうため、相手との会話が必要なのです。相手の質問や感想、アドバイスなどに反応しているうちに、普段とは違う視点や思考が生まれてきます。どちらかが一方的に話すのではなく、相手の言葉に反応して自分が話すという言葉のキャッチボールをすることが大切です。

相手の話を正しいかどうかで判断しないこと

相手は良かれと思っていろいろなアドバイスをしてくれるかもしれませんが、オートクラインは自分で自分の脳を活発化させて答えを出す仕組みです。相手に答えを期待して、それが正しいかそうでないかという視点でとらえてしまうと、そこに発想が縛られてしまいます。あくまでも、相手との会話を通して自分の中で考えを発展させていくという姿勢が大切です。

説明しようとしないこと

相手の話がピント外れであったり実現できそうもないと感じたとき、無理な理由をわかってもらおうと細かく説明したくなります。そうすると、相手はますます役に立とうと次々とアドバイスを繰り出してきます。そこで、「何でわかってくれないの」と、さらにムキになって説明してしまいます。これでは、説明することに焦点が移ってしまい、建設的な気づきは起きません。

相手の話がどのようなものであれ、ありがたく受け止めて、どうするかは自分の中で考えればよいのです。もし、相手が自分を説得しようとし始めたら、「参考になる考え方ですね」のひと言で、いったんリセットするとよいでしょう。


オートクラインを起こすための環境を会社が用意している例もあります。かつて、ある米国の金融系ベンチャー企業を訪問したとき、社内の壁という壁がホワイトボードで埋め尽くされているのに驚いたことがあります。部屋の中だけでなく、廊下、エレベータフロア、階段の踊り場まで見渡す限りホワイトボードです。アイデアを思いついたときや考えに行き詰まったとき、いつでも誰とでもその場で議論ができるようにとのことです。あちこちのホワイトボードの前で数式やチャートを書きながら熱心に議論している社員たちを見て、鮮度の高いアイデアを迅速に形にしていこうとする経営者の姿勢を強く感じました。

「考えても結論が出なかったら誰かと話す」――このようにしてオートクラインを起こす時間をつくることが、迅速な意思決定に役立ちます。

COLUMN

外資系企業が評価するのはサバイバル力がある人材

外資系企業は退職者が出てポジションが空けば、すぐに採用活動を行います。ヘッドハンターから紹介された複数の候補者と募集部門の責任者が順次面接を行うのですが、候補者から「御社はどのような人材を求めているのですか?」と逆に質問をされることもあります。そんなとき、トップクラスの企業調査アナリストとして、業界にその名をとどろかせている米系投資銀行のSさんは、このようなたとえ話をするそうです。

「ベトナム戦争のときに、2人の米軍兵士がヘリコプターから敵地の真っただ中に降ろされた。ところがトラブルのため、予定されていた後続部隊の派遣や物資の補給ができなくなり、2人は孤立してしまった。1年後、1人はジャングルの中で白骨死体で発見された。もう1人は、近くの街で中華料理屋を開いて大繁盛させていた。求めているのは後者のような人材である。

居酒屋のカウンターでSさんからこの話を聞いたときは、あまりにも的を射た話に、鼻からビールを吹き出してしまいました。

もちろん入社後は、会社は必要なものは提供して、上司もそれなりの指導をします。しかし、会社や上司が何かをしてくれることなどハナから期待せずに、「自分で成長して結果を出してやる」という気概がなくてはいい仕事はできません。敵地のジャングルに放置されても、「ちょうどいいや」で商売を起こして繁盛させるような、たくましいサバイバル力が必要です。

仕事がうまくいかないと、すぐに、会社や上司が「〜してくれないから」と言い訳をする人たちを「くれない族」と呼んでいました。そんな人はチームの重荷になるだけです。たとえ話への反応を見ながら、採用段階であえて厳しいスクリーニングをかけているのです。

第2章

スピード感を生む仕事のルール

第1章で述べた迅速な意思決定に続いて管理職が行うべきことは、仕事のスピード感を高めることです。しかし、そこに立ちはだかるのが、質とスピードのトレードオフです。「質の高い仕事を迅速に、というのはわかるが、両者がトレードオフになっているから難しいのだ」という声をあちこちで聞くのです。しかし、その発想は古い時代の遺物となりつつあります。というのも、スピードこそが質を高める要因だからです。

富士通の時田隆仁社長が、『週刊東洋経済』（2019年9月21日号）のインタビューでこのような話をされています。

ある銀行向けの商談で中国系のベンチャー企業に競り負けたことがある。彼らは、クライアントから話を受けた翌日に、タブレット上で操作できるアプリの試作品をつくってきた。一方、我々は1週間後にスライドを使って提案しただけだった。いまの富士通に足りないのはスピードである。

この中国系ベンチャー企業は、最初のアウトプットを翌日に出すことで圧倒的なスピード感を示しました。そして、すぐにクライアントのフィードバックを受けて必要な修正を行う――おそらく、このやり取りを何度も繰り返したのでしょう。その結果、一週間後に富士通がスライドを提出したときには、すでにクライアントの要求に高い水準で合致するものに提案の質を高めていたのではないかと想像できます。

ビジネスにおけるアウトプットの価値を決めるのは、最終的な「スピード×質」の大きさです。どれだけ質が高くても時間がかかりすぎるアウトプットに競争力はなく、逆に、どれだけスピードが速くても質の低いアウトプットには顧客は納得しません。

中国系ベンチャー企業のアプローチこそが、最終的な「スピード×質」を最大化するものです。たとえ完成度が十分ではなくても、とにかく最初のアウトプットを迅速に出すこと。即座に相手のフィードバックを受けること。そのようなPDCAを高速で繰り返しながら、圧倒的なスピードで最終的な質を高めていくのです。

このように、スピードこそが仕事の質を高める要因となってきているいま、スピードの持つ重要性がますます高まってきています。本章では、管理職として仕事のスピード感を高める方法について紹介します。

RULE 06

どんな仕事でも、すぐに「ちょっとだけ」やってみる

爆速で仕事を進める人の必殺技

管理職になりたての皆さんはプレイングマネジャーとして期待されることも多く、急に忙しくなったように感じるかもしれません。複数の仕事を抱えまくって、「うわっ、もう無理！」って叫びたくなることもあるかと思いますが、そんなときでもやって来るのが仕事です。「いまの仕事が一段落ついてからでいいですよ」と配慮はしてくれても、「でも、遅くとも来月末までにはヨロシク」と、結局は締め切りを突きつけられます。

このようなとき、新しく依頼された仕事をいったん横に置き、いまの仕事をさっさと片付けてしまおうと考えがちですが、これはNGです。生産性の高い人は違うやり方をします。

ぶっちぎりの高速ランナーの仕事術

コンサルタント時代の同僚に、仕事の速さにかけてはウサイン・ボルトかフローレンス・ジョイナーかという伊東さん（仮名）がいました。私が知っているビジネスパーソンの中でも、ぶっちぎりの高速ランナーです。あるとき、その秘訣は何かと質問すると、伊東さんは次のように教えてくれました。

「櫻田さんね、新しい仕事が来たら、どんなに忙しくても、とりあえずちょっとだけやってみることが大事なんですよ。ちょっとだけやってから横に置くんです」

「ちょっとだけやってみる」と、なぜウサイン・ボルトになれるのか？　その日、伊東さんから聞いた理由を私なりに4つにまとめてみます。

①難易度を把握する

「ちょっとだけやってみる」ことで難易度がわかる。その時点でゴールへ向けての進め方が十分にイメージできれば問題なし。しかし、手こずりそうであれば、他の仕事とのスケジュール調整を行い、早めに時間を確保しておく必要がある。

まったく手をつけずに横に置いてしまうと、いざ取り掛かったときに「ゲッ、思った以上に時間がかかりそう。間に合うかどうかヤバッ！」、こんな状態に陥ってしまう。

②内容を正確に理解する

「ちょっとだけやってみる」ことで、仕事の内容を正確に理解しているかどうかがわかる。もし、あやふやな理解だったり疑問が出てきたりしたら、即座に依頼者に確認して解消しておく。これを怠って、手をつけて初めて「あれ、これどうだっけ？」と理解不足に気づいても、依頼者が出張中や休暇中だと、連絡がとれるまで待ったり、疑問を抱えたまま進めて、あとから手直しを行わなければならない。これは無駄以外の何物でもない。

③できる準備を進める

「ちょっとだけやってみる」ことで、裏で必要な準備を進めることができる。たとえば、必要な情報やデータが手元にないことがわかったら、それを持っていそうな人にメールで依頼しておくと、仕事に取り掛かるころには届いている。これで、自分がその仕事に本格的に手をつけるまでの時間を無駄にせずに済む。

関係者との打ち合わせが必要だと思ったときには、その時点で早めにアポを入れておけば、間際になって時間調整でドタバタしなくて済む。

④受信感度が高まる

「ちょっとだけやってみる」ことで、必要な情報に対する受信感度が高まる。少しでも手をつけてみると、仕事の内容に興味が湧き、それ以降、関連したニュースや情報に対して脳のセンサーが反応するようになる。本格的に取り掛かるころには、アタマがその分野に馴染んでいるため、新規の情報を受け入れやすくなっている。

このように、高速ランナーは、何も考えずに力任せに走っていたわけではなく、用意周到な準備をしていたのです。わずか1時間程度の「ちょっとだけ」で、とりあえずエンジンをかけた状態にしておくことが、その何十倍、何百倍もの効果を生むのです。

特に④については、心理学的には「ツァイガルニク効果」と呼ばれています。人は完了したことよりも、中断したことに対してより強い興味と記憶を持つという心理現象です。テレビ番組では、「えっ、どうなるの!?」という大事な局面に差しかかったところで判で押したようにCMが入ります。これは、情報を中断させることによって視聴者により一層の興味を抱かせる「ツァイガルニク効果」を狙ったものです。

仕事も、ちょっとだけやってみて中断することで、脳がその内容に関して興味を持ち始めるのです。

涼しい顔で淡々と仕事をこなす上司はカッコいい

「働き方改革」を声高に叫ぶ日本企業の一部で、「とにかく早く帰れ」という問答無用の圧力に対して、「時短疲れ」を起こしている職場も少なくありません。これは、何の工夫もなしに労働時間短縮だけを押しつける経営側に問題がありますが、こちらとしても「できません」とは言いたくないものです。

しかも、これまでの仕事のやり方を前提とした効率化の議論では、どれだけ懸命に頑張っても限界があります。それどころか、やりすぎた効率化による精神的なストレスにより、自由で柔軟な発想ができなくなり、成果にマイナスの影響を与えかねません。

だからといって、管理職が苦悶の表情を浮かべてドタバタしていると、「だから管理職にはなりたくない」という部下の冷めた視線を浴びることになります。

これに対して、「ちょっとだけやってみる」のように仕事のやり方を工夫していくこと、つまり仕事の質を変えていくことが、この問題を解決していくための1つの方法です。どんなに大量の仕事があっても、涼しい顔をして淡々とこなしている上司を部下はカッコいいと思います。伊東さんも、私から見てカッコいい同僚の1人でした。

RULE 07

会議の「オーナーシップ」を発揮する

必ず結論を出すための
米国流会議の進め方

会議の目的にもいろいろとありますが、ここでは議論して結論を出すための会議について、その効果的な進め方を紹介します。というのも、多くの企業で、結論が曖昧のまま終わったり、決めきれずに先延ばしになったり、あるいは、あとからぞろぞろと反対意見が出てきたりなど、「決める」という機能が十分に果たされていない会議をよく目にするからです。これでは、いくら会議時間を短縮したところで仕事のスピードは上がりません。

会議のオーナーが誰かを明らかにする

会議で結論を出すことができない理由は、決めるべき人が明確でないか、あるいは決めるべき人が決めないかのどちらかです。私が勤めていた米国企業では、決めるべき人が明確で、決めるべき人が決めます。その結果、会議では必ず結論が出ていました。ここで言う「決めるべき人」が「会議のオーナー」です。

会議のオーナーとは、話し合う案件に対して最終責任を持っている人のことです。課内会議であれば課長、部内会議であれば部長、部門をまたぐ会議であればその上の役員などが相当します。

米国企業では、会議は合意形成の場ではなくオーナーが結論を出すための議論の場だとされています。会議のオーナーを明らかにするとは、会議が始まる時点で、この会議の最終結論は誰が出すのかを参加メンバーに周知しておくということです。そこが曖昧だと、意見が錯綜したり利害が対立したりした場合、結論を出せなくなってしまいます。

冒頭でゴール宣言をして自ら進行する

オーナーは会議の冒頭で、「この会議のゴールは、今年の顧客セミナーのメインテーマを決めることです」などのゴール宣言を必ず行います。これは、参加者の意識を「メインテーマを決める」というゴールにロックオンさせ、話がわき道にそれるのを防ぐためです。オーナーも自分に「決める」というプレッシャーをかけることで、「決めるべき人が決めない」という事態が起きないようにします。

「今日の会議は○○についてです」などのユルい表現はNGです。あくまでも、「会議のゴールは○○を決めることです」と強く言い切ることがポイントです。

オーナーの意思決定はチームの仕事に大きな影響を与える一方で、視点の違いや誤った思い込みにより、独りよがりでピント外れなものになる危険性を常にはらんでいます。そこで、会議という場で参加者の意見や議論を聞きながら、自分の意思決定の質を高めようとするのです。

そのために、オーナーは自ら会議の進行を行います。自分の意思決定に必要な情報を効率良く手にするためです。結論へ向けて必要なピースを埋めるための質問を投げかけたり、違った角度からの意見を促したりしながら議論をハンドリングします。ただし、自分以外の考えを聞くことが目的ですから、自分自身は徹底的に聞き役に徹します。

進行を部下の誰かに任せてしまう上司もいますが、それでは、結論に必要な情報を効率的に集めることを放棄していることになります。「進行を任せるのは若手の経験のため」という人もいますが、そもそも、若手社員に必要な経験は会議の進行などではなく、先輩社員の前で自分の意見を堂々と述べることです。

議論を打ち切り結論を出す

オーナーが最もオーナーシップを発揮するのが、頃合いを見計らって議論を打ち切り、自分の結論を伝えるときです。聞き役に徹していたオーナーが、初めて自分の意見を表明します。たとえ、意見が真っ二つに分かれていたとしても、結論が固まったのであれば「はい、そこまで」です。

参加者はどのような内容であれ、オーナーの結論を受け入れるというのもルールです。その案件に対する最終責任を持っているのは、参加者ではなくオーナーだからです。あとから裏でコソコソと結論を翻そうとするような行為はルール違反であり、オーナーは絶対に耳を貸しません。だからこそ、参加者も変な結論を出されては困るので、会議の場で自分の考えをはっきりと主張するのです。


これに対して、合意形成にこだわる上司は、なかなか結論を出すことができません。参加者の考えを尊重する姿勢自体は悪くないのですが、「みんなで決めたこと」は必ずしも上質な結論とは限らないのです。もちろん、様々な視点を議論に生かすための多様性は尊重されるべきですが、それはオーナーの意思決定の質を高めるためです。多様性のある参加者で無理に合意形成を図ろうとしても、それは妥協の産物となってしまいます。

意見が分かれたからといって、安易に結論を次回に持ち越してしまうとスピード感が失われます。結論を出せなかったにもかかわらず、「いろいろな考えが聞けてよかった」とか「○○さんもずいぶん言うようになったな」などと悦に入っている人は、仕事を前に進める責任者としてのオーナーシップ意識が完全に欠落しています。

「自分がいない方が自由な議論ができるので、部下だけで議論して最終案を持ってこい」という人もいますが、明らかに二度手間です。それに、その人は承認するだけの人なのでしょうか。部下の持ってきた案が気に入らなくて却下したらやり直しです。何より、「うちのチームは上司の前では自由に意見を言えないショボいチームです」と認めているようなものです。

また、絶対にやってはいけないのは多数決です。企業組織は民主主義の幼稚園ではありません。意思決定者がオーナーとして必ず会議に出席する理由は、議論を聞きながら自分が最良だと思う結論をその場で出すためです。もし、多数決で構わないという程度の案件であれば、最初から誰かに決定権限を委譲して自分は出席する必要はないのです。

チームの意思決定に関する管理職の役割は、「自分で決める」か「決める人を決める」かのどちらかです。

RULE 08

会議の参加者自身に次のアクションを宣言させる

「それ、私がやることになっていたの？」と絶対に言わせない仕事が「決めて実行する」ことの繰り返しである以上、「決める」ことに加えてもう1つ忘れてはならない会議の機能が「実行を確約する」ことです。この点を怠ると、せっかくの結論がなかなか実行に移されずに仕事のスピードは低下します。「決める」と「実行を確約する」という2つの機能をしっかり果たして初めて、会議が仕事の加速装置として機能するのです。

よく見る会議の終了パターンは、議長が結論を述べたあと、「ではAさんはこれをお願い。Bさんは……、じゃ、よろしく」とまとめるものです。一見きれいな終わり方ですが、参加者が結論を十分に理解していなかったり、自分に都合よく解釈していると、あとになって「それ、私がやることになっていたの？」「そこまでやれとは言われていない」といった事態が生じます。

そこで、それを防ぐため、会議のシメとして会議のオーナーは必ず次の言葉を出席者に投げかけます。――「What's the next step?(では、次のステップは？)」

本人が自分の言葉で行動を宣言する

これは、①誰が、②いつまでに、③何を、④どのようにやるのかを、役割を担う本人が宣言することを要求するものです。そう問われた当事者は、「私が、いつまでに、何を、このような方法で行います」とその場で発言します。もちろんオーナーは頭の中に自分の答えを描いているのですが、わざわざ参加者自身に宣言してもらうのには、2つの理由があるからです。

1つ目は、参加メンバーに主体的にその案件に関わってほしいからです。逐一指示されなければ動けない受け身の姿勢ではなく、会議の流れから判断して、これは自分の役割だと思った人に自ら声を上げてもらいたいのです。決めるのは自分だがやり方は任せるというメッセージでもあります。人は他人から言われたことよりも自分で言ったことに対してより強くコミットするため、それが確実な行動につながるのです。

2つ目は、全員の前で話すことによって、自分勝手な解釈と曖昧さをなくすためです。もし期限が漏れていたら、すかさず「いつまでに?」と誰かが質問し、やり方を言わなければ「どのように?」と聞かれます。自分に都合よく解釈していれば、「いや、そうではなくて」とその場で訂正されます。

メンバーの力を借りて上質な決断を行い、メンバーの主体性を引き出しながら確実な実行を実現する——これが、オーナーシップが発揮されている会議の姿です。このような会議で

図表04 会議のオーナーシップを発揮する

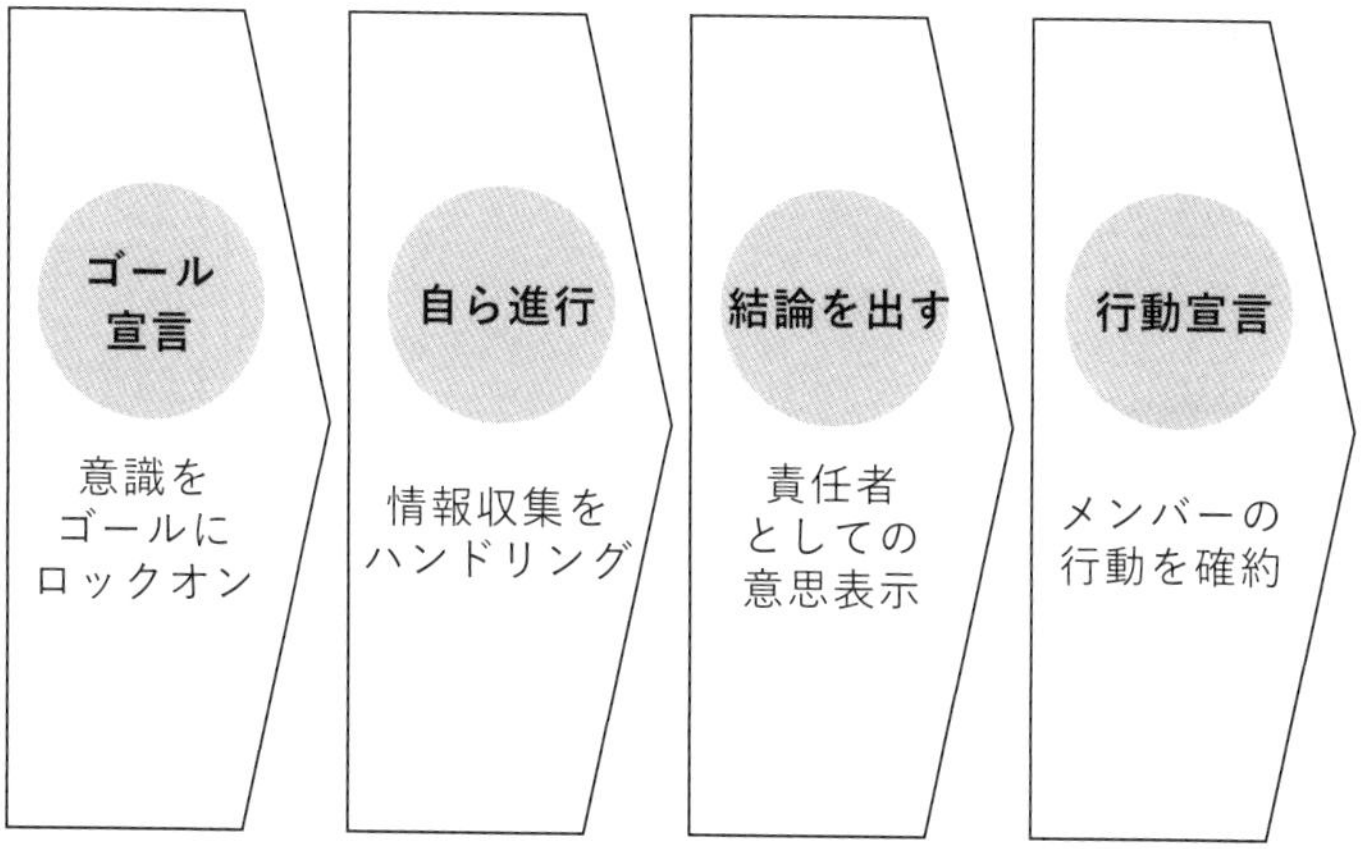

あれば、たとえメンバーに貴重な時間を割いてもらったとしても、仕事を加速させるための場として、それを上回る効果をチームにもたらします。

メンバーにとっても、会議は上司の意思決定に自分の考えを反映させる絶好の機会です。また、上司レベルの案件に対して意見を述べ、議論をすることで、高い視座での思考力を鍛えることにもなります。

不透明で正解のない環境ではあっても、会議を仕事の加速装置だと明確に位置付けてアウトプットの質を高めることで、仕事は確実かつ迅速に前に進んでいきます。効率化の一環として会議の時間短縮を図る努力をしてきた管理職であれば、必ずや次の次元へと会議を進化させていくことができるのではないかと思います。

RULE 09

「即断・即返信」で常に相手側に仕事を渡しておく

遅い返信では、
判断力のない人だとバレる

30年間以上、数多くのビジネスパーソンと関わってきた私の経験から断言できるのは、仕事ができる人のメールの返信はとにかく速いということです。外資系金融トップのＣＥＯから、グラフ作成や経費精算で仕事をサポートしてくれるアシスタントに至るまで、できる人からは本当にサクサクと返信が来ます。

基本は「保留メール・ゼロ運動」

某サービス企業の副社長に打ったメールに対しても、数分後には返信があり、その後の往復2回半のやり取りで用件終了です。この間、わずか15分。某国際派弁護士の先生に送った質問メールに対しても、10分後には完璧な内容の返信があり、これまた、あっという間に用件終了。このような例は数え上げたらきりがありません。

彼らは、とてつもなく忙しいがゆえに、あらゆるメールにビシバシと返信して、自分の側に案件を溜めないようにしているのです。

イノベーションを起こし続ける企業として有名な、米グーグルの元ＣＥＯエリック・シュミット氏らも著書の中で同様のことを言っています。「私たちが知っている中でもとびきり優秀で、しかもとびきり忙しい人は、たいていメールへの反応が速い。私たちなどごく一部の相手に限らず、誰に対してもそうなのだ。メールに素早く返信すると、コミュニケーションの好循環が生まれる」(『How Google Works――私たちの働き方とマネジメント』日本経済新聞出版社)。

彼らの高速返信の狙いは、常に相手側に仕事を渡しておくことです。相手からのメールを自分が握りこんでしまうと、相手にアイドリングタイム(待ち時間)を生じさせてしまいます。相手が部下の場合、自分がボトルネックとなってチームの仕事の停滞を招いてしまいます。高速返信族の基本は「保留メール・ゼロ運動」です。

こまめなメールチェックは集中力を低下させ、仕事のペースを乱してしまうという主張もありますが、それは自己完結する仕事をしている人に当てはまることです。管理職が考えるべきは自分のペースではなく、チーム・メンバーの仕事のペースを落とさないことです。

また、高速返信族の特徴は、大切な決裁だろうが食事の日程調整だろうが、優先順位など考えずに片っ端から返信していることです。エリック・シュミット氏らも「受信トレイを眺めながら、どのメールから返信しようか悩んでいたりしないか。(中略)(そんなことを)考えるのは完全な時間のムダだ」と述べています。

高速返信は優れた意思決定力の表れ

このような高速返信族の本質的な強さは意思決定力の高さです。部下の提案に対する判断から日程調整やミーティングへの出欠まで、ことの大小にかかわらず、何かを決めなければ返信はできません。それにビシバシ返信するということは、すなわちビシバシ決めているということです。

彼らはメールに限らず、あらゆる場面で意思決定の速さが抜きんでています。その結果、仕事のスピードが速まり、時間当たりのアウトプットも高くなります。開いたメールに返信せずに保留するというのは意思決定を保留するモラトリアム行動であり、そんなものは生理的に受け付けないのです。

逆に、返信を保留してしまう人は、どう返信すべきかをすぐに決めることができない人です。一事が万事で仕事のスピードも残念ながらイマイチです。そのことを知っている高速返信族は、口に出してこそ言いませんが、メールの返信スピードで相手の力量を測っています。

このように、迅速な意思決定がメールの返信スピードを高めているのであれば、逆に、メールへの返信スピードを高める努力を続けていけば、それがトレーニングとなって、次第に意思決定のスピードも速くなっていきます。ニワトリが先かタマゴが先かなんて考えている暇があったら、1秒でも早くビシバシとメールを返信してしまいましょう。

相手の時間を大切にするからこそ待たせない

高速返信は相手を尊重する気持ちの表れでもあります。30代で米国系証券会社のマネジング・ディレクター（執行役員格）になった深田さん（仮名）から、「相手を大切に思えば、待たせることとなんてできないんですよ」と聞きました。

できるだけ早く返信するという行動の根底には、相手の時間を無駄にしないという気持ちがあるのです。そのような気持ちが行動を通して部下や顧客に伝わると、単にスピード感のある人というだけでなく、自分を大切にしてくれる人、信頼できる人だと思ってもらえ、仕事は加速度的にやりやすくなります。

逆に返信が遅いと、相手を不安にしたり無視されていると思われたりします。顧客にやっと返したメールに「遅くなって申し訳ありません」の一文を書き忘れただけで、内容に関係なく失礼な人だと思われてしまうことさえあります。高速返信は、相手を大切にしたいという気持ちが根底にあることで、結果的に良き関係づくりにもなっているのです。

補足

人の時間を大切にする世界屈指の資産家

かつて、世界トップクラスの資産家・投資家である、ジム・ロジャーズ氏の来日記念講演を聴いたことがあります。多くの投資関係者が、ロジャーズ氏の経済・市場見通しに関する発言に関心を寄せるほどの大物投資家です。

講演が終わり質疑応答に入るとき、ロジャーズ氏は会場関係者に対して、質問者用のマイクを2つ用意して、次の質問者にもあらかじめ渡しておくよう依頼していました。マイクが質問者の間を移動する数秒の時間さえもったいないというわけです。それがうまくできていないと、「言ったじゃないですか！」と厳しい口調で注意をしていたほどです。

限られた時間でできるだけ多くの人の質問に答えるため、質問も1人1つに限定したり、前置きが長い人には「質問をしてください」と促すなど、集まってくれた参加者の時間を1秒たりとも無駄にしたくないという配慮を感じました。成功する人ほど時間の価値を知っており、人の時間も大切にしているのです。

RULE 10

報告書は事前に半分書いてしまう

「空欄効果」で論点整理を行う

どのような内容でも、文書として報告書を作成するのは面倒くさい仕事です。口頭報告で済ませるのが一番ですが、提出が義務付けられている場合は従うしかありません。しかし、実は、報告書は仕事のスピードを上げ、生産性を高めるためのツールとして効果的に活用することができます。出張報告書を例にとると、出張する前に半分書いてしまうのです。

普通の出張であれば、いつ、どこで、誰と会うのかといった予定は事前に決まっています。そこで、出張する前に、体裁を気にせずに、これらのことをワードファイルにベタ打ちしてしまいます。

さらに、打ち合わせの内容についても書けることを書いてしまいます。たとえば、Aさんとの打ち合わせでは、何の案件についてなのか、その背景は何か、議論のポイントや現時点でわかっていること、関連する情報、クリアすべき課題や注意点、決めたり合意したりすべき項目などについて、事前に書けることはたくさんあるはずです。

ここまでベタ打ちをしたところで報告書の体裁を整えます。私の経験上、ここまでで、報告書の半分は埋めることができます。複数の人と違った案件で会うときは、案件分だけ同じように書いておくことができます。

「空欄効果」で論点を明確にする

これが、なぜ仕事のスピードを上げ生産性を高めるかというと、この作業は、出張報告書という様式を借りた打ち合わせの論点整理に他ならないからです。

まず、事前にわかっていることや自分の考えを文字にすることで、何を目的として、何を期待して、何を手にしようとしているのか。そのため、どのような方針で出張に臨むのかなどのポイントがクリアになります。次に、報告書の体裁を整えようとすると、打ち合わせの内容や合意事項、結論など、現地でなければ書けない箇所が空欄としてぽっかり浮かびあがってきます。それが、出張で手にすべき情報、すなわち出張のゴールとなるのです。

人は穴があったら覗きたくなりますし、裏返しのものはひっくり返してみたくなります。同じように、空欄があったら埋めたくなるものです。空欄によって論点を明確にし、当日は、それが順番に埋まっていくような議論を行うことで、わき道にそれない密度の濃い打ち合わせができます。「空欄効果」によって無駄な時間がなくなり、生産性が大きく向上するのです。

図表05 空欄効果で論点を明確にする

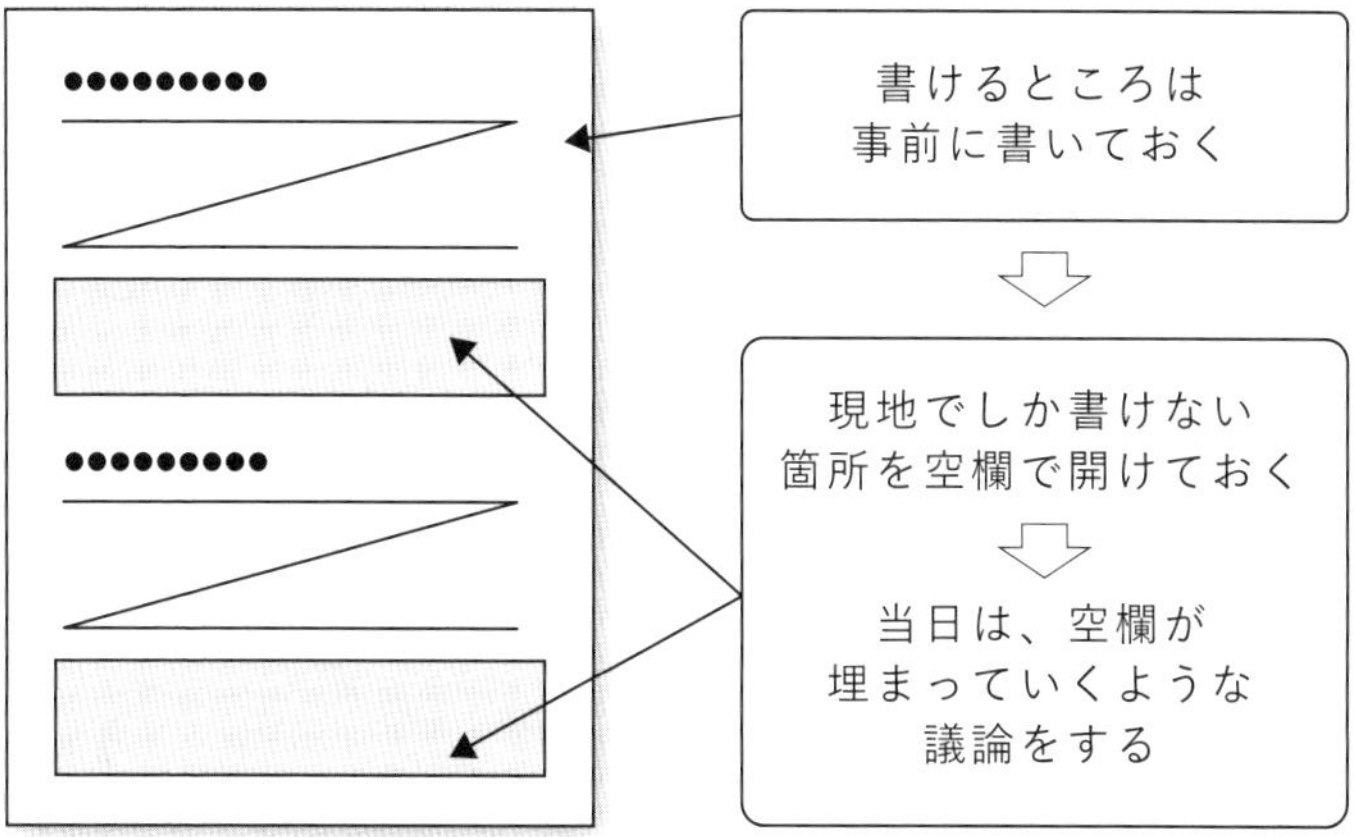

この方法は、出張に限らず会議報告や業務報告など、事後的に報告書の提出が求められている仕事に対してほとんど適用できます。

「イベント↓報告書」といった順番で、報告書はあとで書くものという思い込みを捨て、「報告書（1／2）↓イベント↓報告書（1／2）」のように、少し順番を変えるだけで仕事の質が高まり、準備にかけた時間以上の効果が得られます。

RULE 11

やり方ではなく考え方を伝える

A4一枚にまとめるために、縮小コピーをする行為を見過ごさない資料はＡ４の紙一枚にまとめるべしという「Ａ４一枚ルール」の話を時々聞きますが、メーカーに勤める友人の時田さん（仮名）から笑うに笑えない話を聞きました。

部内会議で配付されたＡ４紙一枚の資料の文字が、老眼進行中の身にはきついほど小さかった。そこで、資料を作成した部下に聞くと、どうしても内容を削れなかったのでＡ３サイズで作成してＡ４に縮小コピーしたとのこと。「Ａ４一枚ルールですから」。

「いや、そういうことじゃないだろ」と言っても、「前の部署ではこれでよかったんですけど」と悪びれもせずに言う。「ウチの会社、大丈夫か」と不安になったそうです。

「Ａ４一枚ルール」の背景にある考え方は、言うまでもなく、要点を端的に整理することによって、短時間で伝えたいことを伝えるためです。この点を理解している人は、目的と結論を最初に書き、結論に至る根拠を箇条書きで続けるなどして、うまくＡ４一枚に収めようとします。それを繰り返していると、本質を的確に伝えるための力も鍛えられていきます。

一方、この考え方を理解していない人は、形式的なつじつま合わせに走ってしまいます。時田さんの部下のように、縮小コピーしたり、文字サイズを極小の8ポイントに下げたり、印刷余白をほぼゼロにするなど。これでは本質を伝える力は磨かれず、伝えたいことも伝わりません。Ａ４一枚ルールが目的化して、スピード感も損ねています。

「考え方」を伝えて「やり方」は任せる

上司が部下に指示を伝えるときはできるだけ具体的に、というのは目の前にある個別業務への指示について言えることです。「A４一枚ルール」などの一般的なルールに関して重要なことは、「やり方」を指示するのではなく「考え方」を正しく伝えることです。

時田さんは、この笑ってしまうような縮小コピー事件で、そのルールのもとにある「考え方」を正しく共有してこなかった自分たち管理職のことを反省したそうです。今回の部下の資料も、確かにA４一枚では収まりそうにない内容を、無理やり収めようと努力しているのです。そんなことに時間を使うぐらいなら、二枚になってもいいから、さっさとつくってしまう方がよっぽどましです。

そこで、部員たちにあらためて次のように伝えたそうです。「社内資料は、短時間で要点を端的に伝えられるように作成すること。原則A４一枚だが、必要性があればこだわらない」。「社内資料はA４一枚で作成する」というやり方を指示するのではなく、「短時間で要点を端的に伝えられるものに」という考え方を伝え直したのです。A４一枚への努力を続けながらも、形式的に帳尻を合わせるために不毛な時間を費やす必要はないということです。

公共機関に勤める知人のKさんからも同様の話を聞きました。彼の部門には「資料は白黒で作成する」というルールがあるそうです。印刷コストを問題にしているのではなく、どの色を使うかを考える時間がもったいないという理由らしいのです。

しかし、Kさんが言うには、エクセルで折れ線グラフを作成するときに、複数の線を白黒でも識別できるように、線の種類や太さを確認しながら1本1本、マニュアルで設定しなければならない。自動設定されるカラーグラフをそのまま使えれば楽なのだが認めてもらえない。結局、白黒ルールのせいで資料作成に何倍も時間がかかっているとのこと。

エクセルをほとんど使ったことのないエライさんが、独りよがりのアイデアで秒単位の効率化を図ったつもりになっている状況に、ほとほと嫌気がさしているそうです。これも、「社内資料は体裁を気にせずに最短の時間で作成する」という「考え方」を徹底して、どうするかは社員に委ねればよいのです。

当たり前のルールの見直しを

社内ルールには、いつのまにか、背後にあった「考え方」から離れて独り歩きをして、無駄な作業を増やしたりスピード感を低下させているものがあります。すでに職場で運用されているルールや新たなルールに対して、次のような視点で見直してみてはいかがでしょうか。

- そのルールの背後にある本来の考え方は何か？
- ルールの厳格な適用によって弊害が出ていないか？
- 本来の考え方から外れずにルールを弾力的に運用できないか？
- 本来の考え方を徹底することでルールを廃止することはできないか？

ガチガチのルールをつくって「その通りにやれ」というマネジメントが行き過ぎると、人は自分で考えなくなります。そうならないためにも、背後にある「考え方」を徹底して「やり方」は1人ひとりに任せることです。もし考え方と行動にズレがあれば、その場で個別に改善を促していけばよいだけの話です。

本書で紹介している「36のルール」も、それぞれの背後にある「考え方」を必ず述べています。読者のあなたがその趣旨を理解して、自分の考えのもとに柔軟に応用していかれることを願います。

COLUMN

「この瞬間から、直ちにだ！」

外資系企業で幹部から社内ルールの変更などの通達があるとき、その最後に必ず書いてある一文が「Effective immediately（エフェクティブ・イミディエトリー）」です。「直ちに効果を発する」という意味で、この通達が、いま、この瞬間から有効であることを示しています。

たとえば、「収益状況の悪化によって人の採用はすべて凍結する。Effective immediately.」というメールがCEOから届いた場合、その瞬間、全部門の採用が凍結されます。それが退職者の後任探しであっても例外なしです。

あるとき、欠員ポジションを補うために、意中の候補者と最終面接まで進んでいたことがありました。しかし、突然、「採用凍結、直ちにだ！」とのCEOからの通達です。会社として正式な採用の意思を示す文書（オファーレター）が発送される直前だったのですが、相手に事情を説明して泣く泣くストップせざるを得ませんでした。

なぜ、「来月の1日から」などの準備期間を置かないのでしょうか。それは、決めたことは即座に実行すべきで先延ばしにする理由などないという、超合理的な外資系の考え方があるからです。期間を置くと、駆け込みでいろいろなことをやってしまう社員が出てきます。反対勢力が、あの手この手で「無理な理由」を積み重ねようとするリスクもあります。だから、問答無用で「この瞬間から、直ちにだ！」なのです。

もちろん、現場は多少混乱しますが、いつものことなので、誰もが気持ちを切り替えてドタバタと対応することになります。このような、「この瞬間から、直ちにだ！」と先に宣言してしまい、「あとはよろしく」という外資系のスタイルは、スピード感があって余計なことを考える必要がないだけに、慣れてくると気持ちのいいものです。

第3章

生産性を高める仕事のルール

ここまで、迅速に決めて（第1章）、スピード感ある行動をする（第2章）ためのマネジメントについて述べてきましたが、それを踏まえて次に取り組むことは生産性の向上です。

これまで日本企業で行われてきた生産性向上の取り組みは、主に業務手順の見直しによる人員・経費・時間の削減といった業務の効率化です。それらは生産性（＝アウトプット÷インプット）の分母を最小化させようとする「量的マネジメント」を意味しています。もちろん、この努力は怠るべきではありませんが、効率化による生産性の向上には限界があります。アウトプットについては何も変わっていないからです。

アウトプットの付加価値を高める

生産性の「量的マネジメント」に加えて私たちが強く意識すべきことが、生産性の「質的マネジメント」です。「ルール7」「ルール8」で、会議のオーナーという概念で会議の中身を洗練させ、その結果、短時間で必ず結論を出し、次の行動を確約するという会議の進め方について述べました。これが、アウトプットの付加価値を高める会議の質的マネジメントです。

会議の問題点を時間が長いことだと定義すると、会議時間を30分に制限するといった量的マネジメントが解決策になります。しかし、会議の問題点が、結論が出ないこと、行動が確約されないことだとすると、会議の進め方や意思決定ルールを洗練させる、質的マネジメントの発想でなければ問題は解決しません。

時間は短縮されたが結論が出ない会議と、オーナーシップが発揮され、必ず結論が出て行動が確約される会議では、どちらが生産性の高い会議か答えは明らかです。

繰り返し強調しますが、管理職の役割はチームの成果を最大化させること、それを生産性の高いやり方で実現することです。その生産性については、この例のように、量的マネジメントによる生産性の向上から、質的マネジメントによる生産性の向上へと、視野を広げていく必要があります。アウトプットの付加価値を高めていくためには、密度の高い試行錯誤や、発想力を高める思考プロセスといった、仕事そのものの質を高めていくことが必要になってくるのです。

本章では、個人とチームの生産性を「質的マネジメント」の観点から高めていくための方法を紹介いたします。

RULE 12

「いた方がいいから」で部下を会議に参加させない

組織にはびこる
「あった方がいい病」が
生産性を低下させる

生産性を高めるためには優先度の高いことに時間を集中させ、仕事の密度を高めることが大切です。しかし、私たちはそれがわかっていながら、ついこのようなことを部下に言ってしまいます。

上司「何かの参考になるかもしれないので、この会議に出席しておいてくれない？」
ジャック「なぜですか？　私が必要なら出ますが」
上司「あっ、いや、必要というわけでは……」
ジャック「じゃ、仕事します」
上司「うぐぐ……」

ジャックは外資系企業における一般的な社員の反応です。一方、日本企業の場合、多くの部下は面倒くさいと思いながらも「わかりました」と答えざるを得ないでしょう。しかし、このような上司は、実は部下の時間を無駄に使っているのかもしれません。「日本人は人のサイフは盗らないが、人の時間は平気で盗む」――時間価値の意識が低い日本人を、こう揶揄する外国人もいますが、上司がそのことに気づいていないのです。

「あった方がいい」は正しい選択とは限らない

「出席しておいた方がいいから」で、いたずらに会議の出席者を増やしてしまう。「あれも調べておいた方がいいから」で検討項目を膨れ上がらせる。「この人にも話をしておいた方がいいから」で関係者を増殖させてしまう――これらはすべて、仕事の質を希薄化させ、生産性の低下を招く「あった方がいい病」です。

限りある時間は有効に使うべし、ということに異論を唱える人はいません。しかし、「あった方がいい病」にかかってしまうと、そのことがスポッとアタマから抜けてしまいます。というのは、「あった方がいい」というのは、そこだけ切り取れば正論だからです。ジャックの場合も、出席すれば得るものがあるかもしれない、という点だけ見れば正論です。

しかし、それは「効果がゼロではない」ということを言っているに過ぎません。使った時間に応じた効果があるのか、他の選択肢と比べても価値があるのか、つまり生産性の観点からは何も言っていないのです。その点をわきまえずに、「あった方がいい」を乱発すると、密度の薄い仕事が増えて生産性低下のドツボにはまり込んでしまいます。

時間対効果で判断する

上司は、「ジャックが会議に出ておいた方がいいかどうか」ではなく、ジャックの限られた時間の中で、「会議に出るのと、いまやっている仕事を続けるのとでは、どちらにより意味があるのか？」で判断すべきです。生意気なところはあっても、仕事はできるジャックです。時間を使えば使っただけの成果を出す力を持っています。であれば、「必要だというわけではないが」という会議に貴重な時間を使わせるのは良い選択とは言えません。

「あった方がいい」を英語では「nice-to-have」と言います。これに対して「必要不可欠」は「must-have」です。私たちは、米国親会社のグローバルCEO（グループで一番エライ人）から常に、「nice-to-have」ではなくmust-haveで仕事をしろ」と言われてきました。nice-to-haveを基準にするといくら時間があっても足りない上に、ノイズが増えて本当に大切なものを見失ってしまうからです。

会議への出席者の人選は、ポジションが高くなっていくとよりシビアになります。ある資産運用会社の月例戦略会議で、毎回、ほとんど発言をしない部長が、米国人社長の「No

図表06 **このような「あった方がいい」は本当に必要か？**

- 参考になるかもしれないので会議に出席させておいた方がいい
- 勉強になるかもしれないので彼も同席させておいた方がいい
- 不満が出ないように全員の意見を聞いておいた方がいい
- 万一のときのために、この資料も用意しておいた方がいい
- メールを打ったが、念のために電話で確認しておいた方がいい
- この機能は便利だから付けておいた方がいい

contribution（貢献していない）」のひと言で会議メンバーから外された上、降格させられたという話を友人から聞きました。部門の代表として会議に貢献できないのであれば、身の丈に応じた仕事をやれということです。もちろんそこに「いた方がいいから」などという発想はみじんもありません。

上司は部下の時間を預かっています。そこで、もしかしたら自分が、「あった方がいい」で部下の時間を奪ってはいないだろうかと、時々自問してみることが必要です。そのような視点で仕事を見ていくと時間の価値に対する感覚が研ぎ澄まされ、仕事の密度が高まっていきます。

補足 秘書の仕事はエグゼクティブをこき使うこと

外資系企業のエグゼクティブ（役員クラスの社員）にはそれぞれ秘書がついています。やむにやまれぬリストラで人員一割カット！　なんてときでも原則として秘書たちは対象外です。なぜならば、彼らが会社の命運を握っているからです。秘書の仕事は、担当するエグゼクティブを徹底的にこき使うことなのです。

上司に対してありとあらゆるサポートをすることで、時間単価の高いエグゼクティブたちのアタマを、120％本人にしかできない「must-have」の仕事に集中させる――これが、秘書の仕事です。スケジュール管理、資料作成、会食の予約、家族へのプレゼントの買い物など、一切合切を取り仕切り、上司には1分たりとも余計な時間を使わせません。

米国人役員の奥様が駐車違反で捕まって派出所で大立回りをやらかしたとき、身柄を引き受けに行くのも秘書の仕事です。英国人役員が買ったばかりのキャリーバッグを乱暴に扱って破損したとき、あの手この手で店と交渉して新品と交換してもらうのも秘書の仕事です。

常に笑顔で献身的なサポートをしてくれた秘書の皆さんには本当に感謝していますが、まあ、心の中では「はい、働いて、働いて」とつぶやいていたのかもしれませんね。

RULE 13

「質」とは完成度ではなくニーズへの合致性である

独りよがりの高品質追求に価値はない

この章では、生産性向上のための質的マネジメントについて述べていますが、私たちが仕事の結果として相手に提供するアウトプットについても、「質」の点からよく理解しておく必要があります。

報われない証券会社の営業マン

ある証券会社の営業マンAさんが、顧客のファンドマネジャーから、その日の相場の急落に関してコメントを求められました。Aさんは、社内の調査部門に大至急市場分析を依頼し、翌朝一番にレポートを添付したメールを送りました。一方、別の証券会社のBさんは、同じファンドマネジャーからの電話を、その場で調査部門の担当者に転送し、いま答えることができる範囲で回答してもらいました。

ファンドマネジャー氏が感謝の言葉を伝えたのはBさんだけでした。彼は当日の日本時間の夜に開く米国市場での売買に際して、いくつかの疑問点をすぐに解消したかったのです。

情報の完成度という点では、おそらくAさんの回答の方が優っていたでしょう。しかし、ファンドマネジャー氏にとって価値があったのは、米国市場が開く前に手にしたBさんの情報です。「タイミングまで考慮したサービスの質」はBさんの方が高かったと言えます。

この例のように、仕事の質とは高い完成度のことではなく、相手のニーズに対する合致性の高さです。しかし、残念だったAさんのような現象はいたるところで見られます。その理由は、相手が最も必要としていることが何かを把握せずに、独りよがりの高品質にこだわっているからです。ニーズに合致していなければ、どんなに完成度が高いアウトプットでも無価値です。

どれだけニーズを把握しているかを質問する

「眠っているライオンよりも吠えている犬の方がまだまし」と教えてくれたのは、シンガポールを拠点とする投資企業の役員のHさんです。マーライオンをディスったせいで天罰が下ることがないよう祈りながら言葉の意味を尋ねると、いくら立派でも使えなければ価値はなく、多少の問題はあっても使えるものの方がはるかに価値がある、ということだそうです。

スピードが勝負を決めるビジネスの世界では、寝ているライオンには目もくれずに吠える犬を選ぶことが成功のカギとなります。そこで私たちは、どのようなときに、不完全でもスピードを優先すべきかを、普段から部下と共有しておくことが大切です。

たとえば、次のような場合です。

- いますぐに情報が必要なとき
- 不完全でも、少なくともいまよりは業務が改善するとき
- 問題点は残っても、それ以上に良い方法が見つからないとき
- それ以上に良い方法があったとしても、コストや時間の面で見合わないとき
- 経験則が頼りにできず、やってみなければわからないとき
- 何もしないと事態が悪化するとき

部下がニーズを把握しているかどうかは次の質問でわかります。「その件で、最も大切なことはなに？」。

先ほどの証券マンの場合、正解は「すぐに回答すること」です。このように部下が即答できればよし、できなければ相手のニーズを把握しているとは言えません。ニーズ把握の重要性を頭では理解していても、「理解している」と「できる」とは別のことです。

意味のない完成度へのこだわりを捨て、「最も大切なこと、イコール相手の譲れないニーズ」が何かに常に意識を向けることで、かけた労力に対する相手の満足度、すなわちサービスの

生産性は大きく向上します。

生産性を低下させる品質至上主義

米国にスペースX社という民間の衛星打ち上げ企業があります。同社は、衛星の打ち上げで2段目ロケットを切り離したあとに、1段目ロケットを逆噴射させて着陸回収・再利用する技術を世界で初めて確立させました。高額のエンジンの回収・再利用により、打ち上げコストをこれまでの約100億円から約70億円へと低下させ、あっという間に世界シェア・ナンバーワンの打ち上げ企業になったのです。


打ち上げコストを低下させることができた理由がもう一つあります。

エンジンが高額になっている最大の理由は、エンジントラブルが絶対に起きないよう、品質を極限まで高めた開発、製造がなされてきたからです。しかし、同社CEOのイーロン・マスク氏は「クライアントの本質的なニーズは確実に衛星を軌道に乗せること。しかもできるだけ安価で」という原点に立ち返ります。

であれば、そこまで品質を高めなくても、エンジンをたくさん装備して、たとえ1基ぐらいトラブっても他のエンジンでカバーできればいいのではと考えます。それで開発されたのが、9基のエンジンを装備して同社の主力ロケットとなった「ファルコン9（ナイン）」です。

究極の品質追求というコスト高要因を取り除き、量産効果も相まって、エンジン製造コストを大きく低下させました。2012年には、打ち上げ直後にエンジン1基にトラブルが発生したものの、衛星を問題なく軌道に乗せ、顧客ニーズを完全に満足させています。

歴史ある企業によく見られる品質至上主義は、顧客の本質的なニーズとは必ずしも合致しない、過剰品質の文化を生み出しています。この文化が生産性や競争力の低下要因となっている現実に私たちはもっと向き合い、それを美談とする時代を終わらせなければなりません。

ちなみに、スペースX社のプレゼンは、回収に失敗した1段目ロケットが大爆発を起こしている動画から始まるそうです。「これだけの失敗をして、そこから多くを学んできた私たちの技術を信頼してください」ということです。失敗からの修正過程が、技術的、ビジネス的なノウハウを蓄積させ、それがチームの財産となっているのです。

RULE 14

仮説・検証のループで早く正解にたどり着く

「とにかくやってみる」だけでは熱意のカラ回り

かつて、深夜帰宅でたまたま乗った個人タクシーが、何とベンツでした。「まさかのボッタクリ!?」と一瞬頭をよぎった思いを打ち消しながら、恐る恐る「ベンツですよね」と運転手さんに話しかけると、昔話でも語るかのようにベンツ購入秘話を聞かせてくれました。

深夜帰宅の客は車種を選んでいる

数十年間のタクシー会社勤務後に独立を決めたとき、車はベンツにしようと思った。なぜなら、残業で深夜帰宅する人の多くは、乗り心地や安全性の点からグレードの高い車種を選んで乗ることを経験上知っていたからである。ベンツなら当然、選ばれる確率は高く、収入も増えることが期待できる。

問題は、大金をはたいてベンツを買っても、それに見合うほどの収入増になるのかという点。そこで、非番の夜、タクシーの溜まり場で、無条件に先頭の車に乗る人とハイグレード車を選んで乗る人の数を、数日間にわたって調査した。結果をもとに試算すると、「十数年で元はとれる！」という確信を得ることができた。

運転手さんがたった1人でそこまでやって、生活をかけてベンツ購入の決断をした話に感動しました。さらに話は続きます。

思い切って奥様にその話を切り出したところ、「なに馬鹿なこと言ってんの」と相手にしてもらえなかった。そこで、調査現場に連れて行き、客がハイグレード車を選ぶ様子を実際に見せたところ、「まあ、アンタがそこまで言うのなら」と了解してくれたとのこと――無理やり押し切るのではなく、納得してもらおうとする姿勢も素晴らしいです。

「うまくいっているのですか？」と聞くと、悪い想定外と良い想定外が1つずつ。悪い方は、予想通りに次々とお客さんが自分の車を選んでくれるのだが、他の個人タクシー仲間から「ここでの客待ちは勘弁してくれ」と泣きが入って、溜まり場を追い出されたこと。

良い方は、電話で呼んでくれるリピーターのお客さんが増え、そのうち何人もが休日の接待ゴルフの送迎に使ってくれるようになったこと。安定した固定客となり、ローンの返済も計画通りにいっているとのことでした。

「どのような仮説を立てているの？」

「ルール3」で述べたように、四の五の考えている暇があったら「やったらわかる」と行動することが大切です。ただし、迅速に行動を起こす人の中にも、いち早く正解にたどり着いて成果を出し始める人と、なかなか成果を出せない人、出せても時間がかかる人がいます。このような差が出るのは、「やってみる」の質が違うからです。すなわち、「仮説・検証のループ」で仕事をしているかどうかなのです。

ベンツの運転手さんは、深夜の長距離客はハイグレード車を選んで乗るという仮説を立て、その割合が一定以上であれば元がとれるというシナリオの下に、実地調査でそれを検証したのです。必死で頑張ればローンを返せるという根性論で購入を決めたわけではありません。

私は証券会社時代の上司から、このように言われ続けていました。「思いついたアイデアをどんどんお客様にぶつけて、生の反応を確認しろ。ただし、早く確実に役に立つ商品をつくるためには、必ず仮説を立ててそれを検証するように」。

○○という理由で、このようなお客様のニーズに応えることができるという仮説
○○という理由で、このタイプは食いつきがよくて、こっちはそうでもないという仮説
○○という理由で、ここを改善したことで反応が良くなるという仮説

お客様の反応が仮説通りであれば、そのアイデアに至るまでの検討プロセスの妥当性が証

図表07 **仮説・検証は正解への最短ルート**

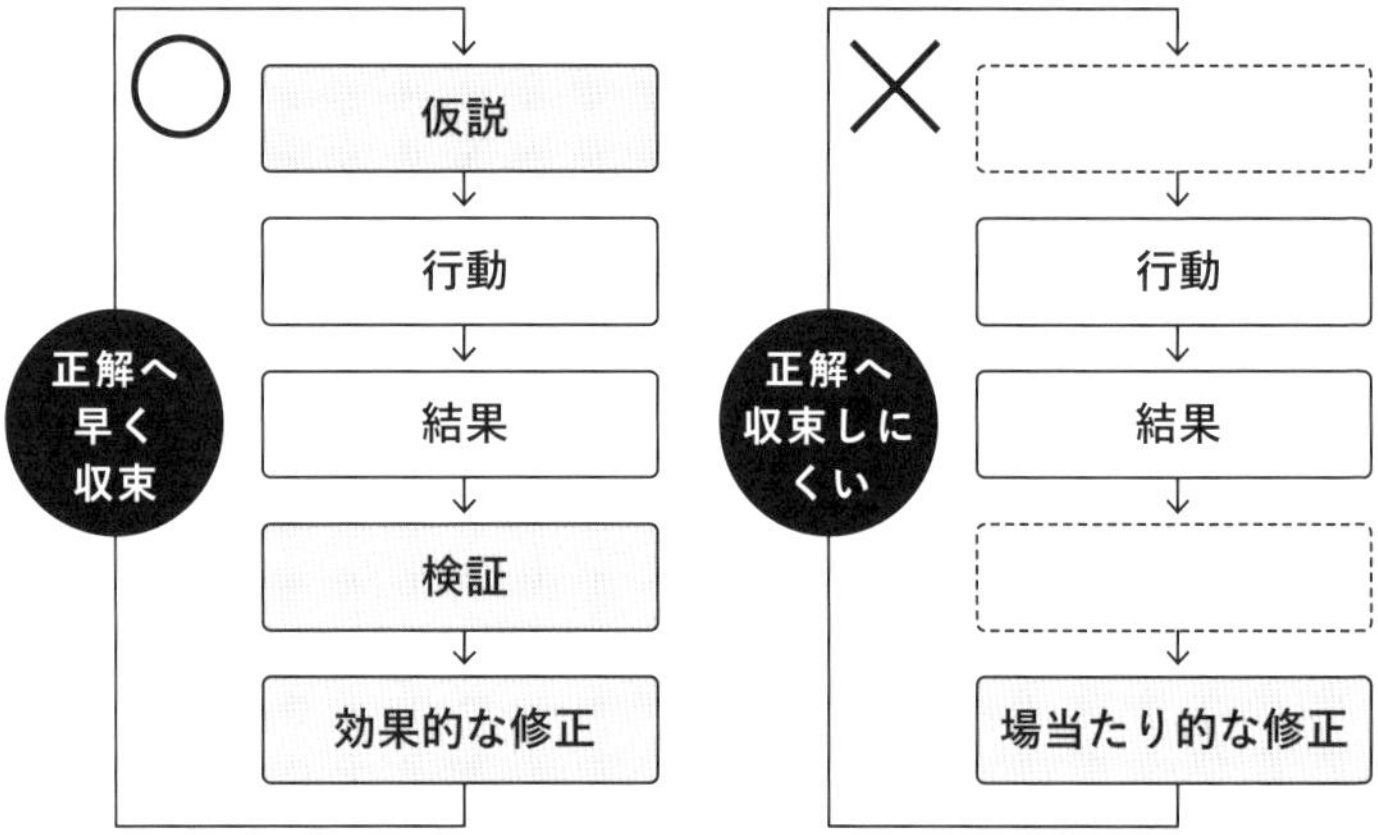

明されたことになり、自信を持って商品化を進めることができます。そうでなければ、仮説と照らし合わせて考え違いを究明して、アイデアを改善しなければなりません。そして、また仮説を立てて再チャレンジです。

「やってみること」は大切なプロセスです。ただし、部下の「やってみます！」に対して「どのような仮説を立てているの？」とひと言声をかけるだけで、仮説・検証のサイクルが内在する質の高い試行錯誤のサイクルとなります。当然、正解への収束も早くなります。これが試行錯誤の質的マネジメントです。

補足 Ｍ－１グランプリの必勝パターン

霜降り明星という売れっ子芸人コンビがいます。２０１８年に史上最年少でＭ－1グランプリを制して一気にスターダムにのし上がりました。彼らのＭ－1優勝の裏には、実は、緻密な分析に基づく戦略があったことを、総合スポーツ雑誌『Number』（１０６４号、２０２２年12月22日号）が紹介しています。記事の内容は次のようなものです。

彼らは、Ｍ－1を勝ち抜くための「最適解」がある、という仮説を立てます。そこで、Ｍ－1の休止期間中に開催されていた別の漫才コンクール『THE MANZAI』で、予選を通過した50組からその「最適解」を抽出しようと試みました。

最初のボケまでの秒数や手数などの要素をすべて数値化して時系列に並べてみたところ、仮説通りに、「決勝に残った漫才にはパターンがある」ことがわかったそうです。

自分たちのネタをその必勝パターンに落とし込んで調整し、実践で試行錯誤を繰り返しながら精度を高めていきました。その結果がＭ－1グランプリの優勝です。

霜降り明星の２人も、「どうしても勝ちたい」という熱い思いだけで走るのではなく、勝つための仮説・検証のループを冷静に回していたのですね。

RULE 15

評価する人ではなく自問する人になる

アイデアを生み出す人の思考習慣

アウトプットの質を高めるためには、新しい発見や気づきによって少しでも付加価値を加えることが必要です。仕事の中に発見や気づきを起こすことができるかどうかは、普段から情報に対してどのような姿勢で接しているかによります。すなわち、あなたが「評価者」なのか「学習者」なのかです。

「使えるか、使えないか」という評価者の発想

人の話を聞いたり本を読んだりしたときに、その内容が「使えるか、使えないか」と考えるのは「評価者」の思考です。本や人に対して、すぐに使える正解を手にすることを期待しているのです。

たとえば、部下50人の大企業の課長が、同じような立場の他企業の課長から聞いた部下育成の話を「まさにウチと同じ状況で使える」と思ったとします。しかし、公立高校の校長先生から聞いた若手職員育成の話については、「学校と民間企業は違うから使えない」と考えるかもしれません。

「評価者」は接した情報が、自分の置かれた状況に当てはまる正解かどうかを評価しています。すぐに役に立つものを「使える」と評価して取り入れ、そうでないものを「使えない」

と評価して切り捨てます。

「評価者」の発想は、決して生産性の高い学習法とは言えません。これだけ多様化、複雑化している職場環境において、いまの自分にピッタリと当てはまる正解を、誰かが都合よく提供してくれることなどまれだからです。「これだ！」と思ってやってみても、うまくいかないと「やっぱり使えない」と再び切り捨てることになります。


これに対して「学習者」は、たとえ校長先生の話であっても、「同じ人の育成として、応用できることがあるとすれば何だろうか？」と自分に問いかけます。どのような情報に対しても、そこに内在している本質的な意味や根底にある真理を抽出し、それを自分に適用できる形に変換しようとするのです。

もちろん、参考にできないものもあるでしょうが、「多様性を尊重しながらも、強みを引き出そうとする校長先生のアプローチは参考になる」「教育への使命感に対する職員の温度差をマネジメントする考え方はヒントになる」といった気づきが起きるかもしれません。常に何か学べることはないかと自問する「学習者」は、「評価者」が気づかない多くの学びを手にすることができるのです。

私たち管理職は、まず自分が「学習者」としての姿勢で仕事をすることです。その上で、部下に対しても、「どうすれば使えるようになるだろうか？」と問いかけながら、「学習者」としての姿勢をチームに広げていくことが大切です。人の脳は、質問されるとそれに答えようとして動き始めるため、部下に新たな気づきが起きやすくなります。

アイデアを生む「抽象化と具体化」

「学習者」として自問しながら気づきを起こすための効果的なアプローチがあります。

戦後の大阪に、「立ち食いだが安い」というコンセプトが受けて連日大繁盛の寿司店がありました。しかし、殺到する注文に寿司職人の能力が追いつかないことが悩みの種でもありました。注文を聞いてから握ったのではさばききれないため、あらかじめ握った寿司の皿をカウンター上に積み上げておいたとのこと。

ある日、店の経営者である白石義明氏が、見学先のビール工場でベルトコンベアを目にします。次々と流れてくるビール瓶に所定の位置でビールが注入されている様子を見て、「これを何かに使えないだろうか？」と自問します。そして、開発したのが世界初の回転寿司です。

職人が握った寿司を客の席まで運ぶ時間を削減できるだけでなく、握った寿司をベルトコ

図表08 評価者と学習者の思考の違い

評価者（評価する）	学習者（自問する）
ウチとは状況が違うので使えない。	ウチとは状況が違うが、ヒントがあるとすれば何だろうか？
あの人だからできるので、自分には無理。	あの人の話の中で、自分にもできることがあるとすれば何だろうか？
この点が問題だから役に立たない。	問題点もあるが、役に立てる部分は何だろうか？
すぐに使えないので意味がない。	すぐに使えるようにするには、どう工夫すればよいのだろうか？
実践的ではないから使えない。	どうすれば実践で使えるようになるのだろうか？

図表09 アイデアを生む「抽象化と具体化」

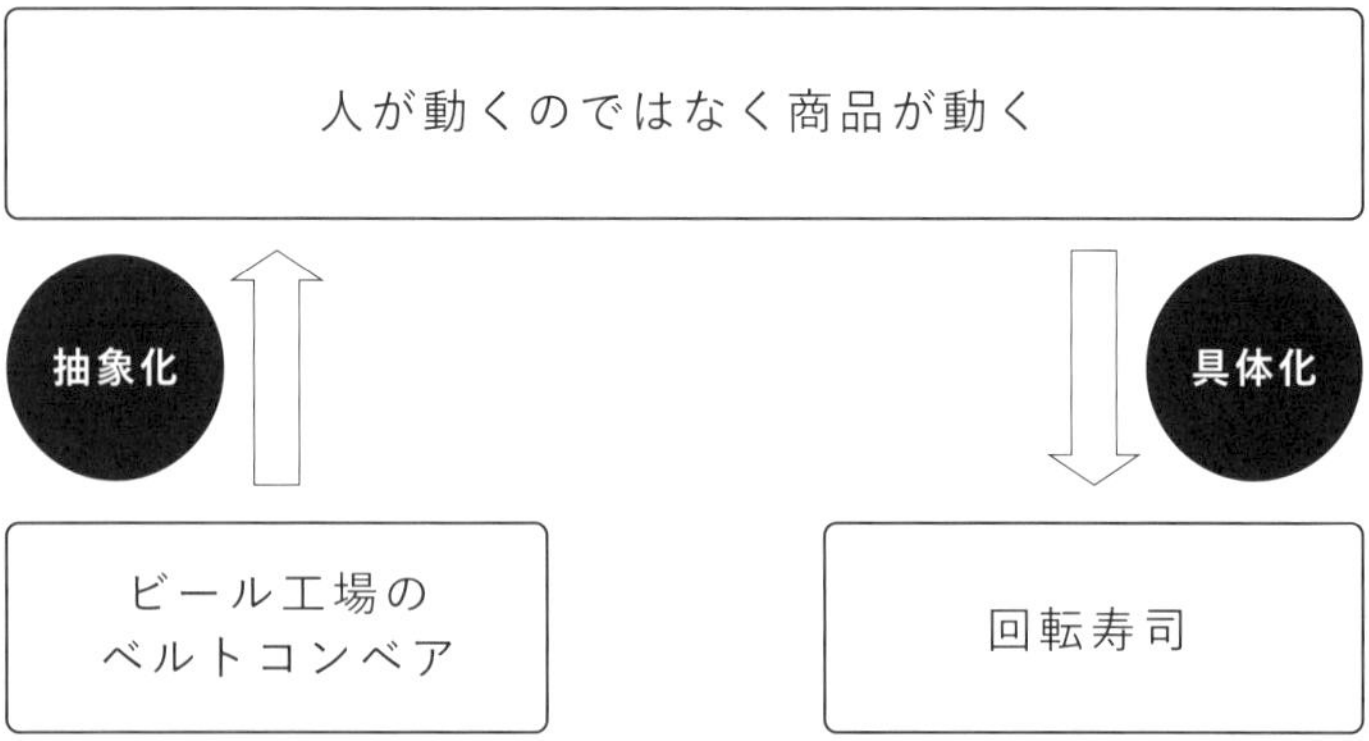

ンベアで流して好きなものを取ってもらうという発想の転換によって、大幅な省力化に成功します。１９５８年に「廻る元禄寿司1号店」をオープンしたときのエピソードです。

白石義明氏の頭の中で起きたのは、「抽象化と具体化」という思考のプロセスです。

彼が見たのはビール瓶を運ぶベルトコンベアです。そこで、「寿司屋とは違うから使えない」とは考えずに、ベルトコンベアの本質を「人が動くのではなく商品を動かす機能」だと抽象化します。この抽象化した本質的な機能を、あらためて「人が動くのではなく寿司を動かす」として寿司店の仕事に具体化したのです。

目にしたもの、聞いた話に対して、「それは、そもそもどういうことなのか？」と、一度、本質を抽象化し、それを、あらためて自分の仕事に具体的に落とし込む思考プロセスは、「学習者」としての発見や気づきを促します。

私たちの周りを見てみると、実に多くの人が「使えるか、使えないか」といった「評価者」の思考で仕事をしています。そのような人を尻目に、「学習者」としての自問の習慣を部下たちと共有することで、発想豊かなチームとしてアウトプットの付加価値を高めていこうではありませんか。

RULE 16

「当たり前」の水準を高めて涼しい顔で仕事をする

無能な人ほど「忙しい」「難しい」「大変だ」とアピールする

「当たり前のことを、当たり前にやったら、当たり前の結果しか出ない」――当然です。では、人よりも高い価値提供をするためにはどうすればよいのでしょうか？

「特別なことを、特別にやって、特別な結果を出す」でしょうか。しかし、これは考えただけでも気が重くなります。この問題への解決策は、「当たり前」の水準を少しだけ高めるということです。

私がこれまで出会ってきた仕事のできる人たちは、「すごいですね！」と人から言われても、「いや、当たり前のことをやっているだけですよ。それが何か？」と返すような人たちでした。別に、彼らは特殊な能力を持った天才ではなく私たちと同じ普通の人です。唯一違うのは、彼らにとっての「当たり前」の水準が、他の人たちよりも少しだけ高いのです。だから、本人たちは当たり前のことをやっているつもりで、高い成果を出しているのです。

平均年収2183万円の会社の「当たり前」

「当たり前」の水準が高い会社の代表例がセンサーや制御機器を提供するキーエンスです。農業機械のA社があるシステムの導入を検討し、数社に見積もりを依頼したときのこと。他社が回答に1週間を要したのに対して、キーエンスだけは即日回答。比類なきスピード感と内容の納得性で、A社は採用を決めたそうです。これが、キーエンスの「当たり前」です。

また、工作機械用部品メーカーB社で製造機器の一部が故障したとき、それを予測していたかのようにキーエンスの担当者が飛んできて、目の前で自社製品を組み立て、デモを披露したとのこと。機能や質問への受け答えに納得し、B社はその場で購入を決めたそうです。このような他社が驚く情報収集力もキーエンスの「当たり前」とのことです（以上、『日経ビジネス』2022年2月21日号を参考）。

2022年3月期まで8期連続で売上高営業利益率が50％を超え、従業員の平均年収2183万円（2022年3月時点）という数字が示す同社の強みは、このような「当たり前」の水準が高いことにあるのではないでしょうか。

私は、当たり前の水準が高いことを「平熱が高い」と呼んでいます。私が本書で述べていることの多くは平熱を高めることにつながっています。当たり前のように迅速に決断し、当たり前のように会議で結論を出す。当たり前のように仮説・検証のループを回し、当たり前のように生産性の高い仕事をする――これらを実践している平熱の高いビジネスパーソンが、確実な成果を継続的に出しています。

平熱の高い人に食らいついていく

平熱を高める最も効果的な方法は、平熱の高い人に食らいついていくことです。社内の上司や同僚でも、社外の顧客や関係者でも、たとえば自分よりスピード感のある人がいれば、その人の仕事のペースに合わせて仕事をするのです。

最初はきつく感じるかもしれません。平熱を上げようとしているのですから一時的に発熱状態になるからです。しかし、それを乗り越えれば、平熱の水準が確実に一段階上がります。

私が米国企業に転職したとき、最も衝撃を受けたのはスピードの速さでした。日本企業では議論に何日もかけるような意思決定が一瞬でなされ、即座に実行に移されるのです。最初は苦労しましたが、何とかそのペースに食らいついているうちに自分のペースも上がり、やがて、それが当たり前になってきました。私の平熱が上がったのです。

平熱の高い環境に身を置き、それを自分の成長に結びつけるのはスポーツの世界でもよく見かけます。２０２１年東京五輪の卓球混合ダブルスで伊藤美誠選手と組んで金メダルを獲得した水谷隼選手がその１人です。彼は通算２シーズン、卓球の絶対王国中国のスーパーリーグに現地チームのメンバーとして参戦した経験があります。

打球のスピードや回転力、相手の球への対応能力などが段違いに優れている世界トップクラスの中国選手たちと練習・試合をしていくうちに、とれなかった球がとれるようになり、打てなかった球が打てるようになる。徐々にそれが当たり前のようになっていった——すなわち平熱が上がっていったのです。

管理職がすべきことは、まず自分の平熱を高めて、それをチームの平熱とすることです。部下にとって影響力のある上司の平熱は、時間とともに部下に伝わっていきます。

「忙しい」「難しい」「大変だ」を禁句にする

チームの平熱を高めるためには、上司は「忙しい」「難しい」「大変だ」という3つの言葉を決して口にしないことです。どんなに忙しくても、どんなに難しくても、どんなに大変でも、平然と仕事をこなす上司だからこそ、それが当たり前の水準として部下に伝わっていくのです。

世の中には、とにかく忙しいことをアピールしたがる管理職がいます。やれ、先週末も出勤しただの、2カ月先までアポで一杯だの、食事をとる暇もないだの、こちらが聞いてもいないのに勝手にべらべらとしゃべる、いわゆる「忙しがり屋」です。忙しがり屋の心理は認めてもらいたいという承認欲求です。

「人の何倍も忙しいオレ（こんなに仕事してすごいでしょ）」
「できる人ほど仕事が回って来るんだよね（オレ、オレのことだよ）」
「どうして私ばかり会議が多いのですかね（ワタシ、仕事ができるからですよね）」

そこで、「いやー、課長さすがですね」などと調子を合わせようものなら、「でしょ！」とドヤ顔をされ、ますます「忙しい」の波状攻撃です。

彼らは「忙しくてすごい」ことを認められることが喜びであるため、ずっと忙しくしている必要があります。そのため、仕事のやり方を工夫して生産性を高めようという意欲が湧きません。このような忙しがり屋の三文芝居は、チームの平熱を下げる要因となるだけです。

自分や部下たちがそうならないためにも、いっそ、チームで「忙しい」「難しい」「大変だ」を禁句にしてしまうとよいでしょう。思わず口にしそうになったときにぐっとこらえたり、人が口にしたのを「イエローカード！」と警告したりすることで、平熱を上げていこうという意識の定着にも役立ちます。どのように厳しい状況でも素知らぬ顔をして当たり前のように成果を出しているチームは、周りから見てカッコいいチームです。

RULE 17

情報共有で劇的に生産性を高める

「車輪の再発明」というムダを多発させていないか

公益財団法人日本生産性本部の調査によると、「職場では有益な情報が共有されていると思うか」という質問に対して、１４４８名の一般社員のうち46・９％もの人が「共有されていない」と答えています（「第４回　職場のコミュニケーションに関する意識調査」２０１７年６月）。新型コロナウイルス感染拡大前の調査でこの数字ですから、テレワークが導入されている現在では、さらにその比率は高まっている可能性が高いでしょう。そこで起きてしまうのが「車輪の再発明」です。

「車輪の再発明」とは、「reinventing the wheel」という英語の言い回しで、車輪の存在を知らずに乗り物をつくろうとしたら、あれこれやっているうちに、結局、車輪を発明した。最初から車輪の存在を知っていたら、もっと早く乗り物をつくれたのに――つまり、すでに存在するもののことを知らなかったために、時間を無駄にしてしまったという意味です。

いちから調べたことを、実は隣の人がすでに調べていた。苦労してつくった資料が、実はすでにチーム内にあった。自分がつくった資料と同じものを、別のメンバーが知らずにつくっている。このような、「車輪の再発明」がチームの生産性を大きく低下させています。

反対に、もし、「こういう技術がすでにあるよ」「この資料が使えるかもしれないよ」「やったことあるので参考になれば」のように、普段からメンバー間で教え合うチーム文化であれば、生産性は大きく高まります。

アウトプットの付加価値を高める

その点、私が資産運用コンサルティングの仕事をしていた米国企業には、徹底的な情報共有の文化がありました。たとえば、担当顧客からの問い合わせに対して回答資料を作成しようとするとき、「いま、このような資料を作成中」という情報をメールで共有します。何の反応もないときもありますが、「私も同じような案件に対応中」「参考資料をどうぞ」「確か、米国のKさんが詳しいよ」などのレスポンスが、同僚から一斉に返ってくることがあります。仕事に関する資料はすべて共有フォルダーで一元管理されているため、他のコンサルタントの資料を自由に見ることもできます。

一瞬で集まった情報が貴重なヒントとなったり、同僚間でのディスカッションが起きたりするため、自分1人で考えたときと比べて、はるかに付加価値の高いアウトプットへとつながっていきます。情報共有が単なる時間的な無駄の排除ではなく、付加価値を高める質的マネジメントとして効果を発揮しているのです。

情報の共有化は生産性の点からは、チーム内での重複仕事を防ぐインプットの量的マネジ

図表10 **ダブルで生産性を高める情報の共有化**

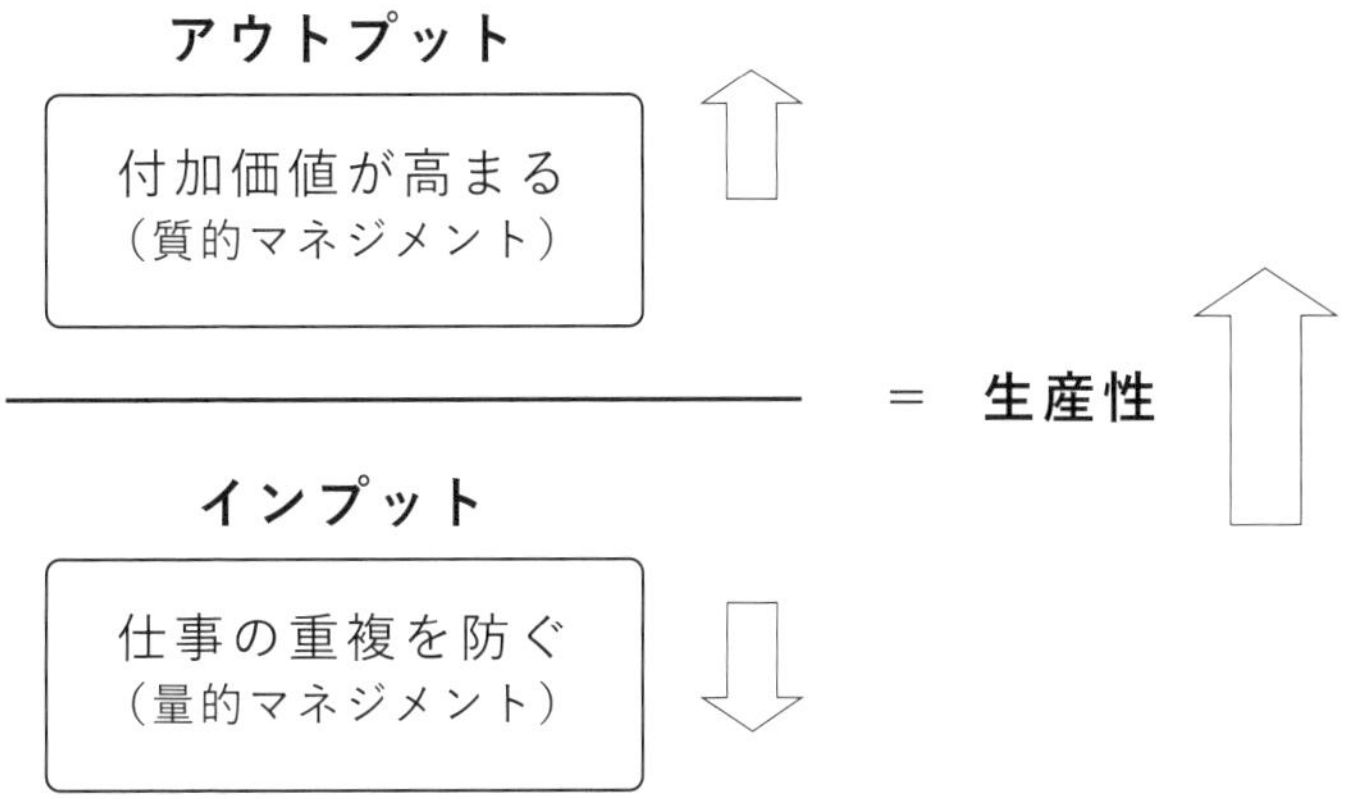

メントという面と、より高い付加価値を生むアウトプットの質的マネジメントの両面を持っています。すなわち、量的、質的のダブルで生産性を高める効果があるのです。

情報の共有化を決して軽んじるべきではありません。世の中には、それを課題として挙げながら、まったく改善されずに放置されているチームもありますが、こういうときこそ管理職の本気度が試されます。部下の面倒くさいという暗黙の圧力に負けることなくリーダーシップを発揮する場面です。テレワークが一般化している環境下だからこそ、必要な情報が共有化されているかどうかがチームの生産性を大きく左右するのです。

RULE 18

「ダブルメリット話法」で健全に上司をころがす

自分の理屈で話している限り上司のイエスは引き出せない

組織で働いている以上、自分の権限でできることには限界があります。しかし、上司の力を借りることで、自分の権限より高いアウトプットを出すことができます。ただ、上司の力を借りるのがうまい人とそうでない人がいるのも事実です。その違いは何でしょうか。

合理的な提案が通らない？

ある金融機関で営業支援の仕事をしている課長のAさんは、上司の部長Bさんに業務のシステム化について提案しました。多少の費用と部員の作業が必要ですが、それでチームの仕事はずいぶん楽になります。ところが、Bさんの食いつきは芳しくなく、「悪くはないんだけど、どうかね」と却下です。Aさんは、何が悪かったのかわからずに悶々としていました。

私が聞く限りでは、Aさんの提案は合理的かつ現実的なもので、AさんとBさんの関係も悪くはないようです。このようなときには、別の視点で問題を見直すことが必要です。すなわち、「この提案は、上司にどのようなメリットをもたらすのか？」という視点です。

上司のメリットとは、本人が会社から与えられている業務目標の達成に寄与することです。Aさんによると、Bさんの業務目標は「たぶん、新商品で新規顧客を獲得することではないか」とのこと。あらためてAさんに、業務のシステム化が新規顧客の獲得にどのように貢献するのかを尋ねてみると、「直接的には……」という返事です。

おそらく、部長のBさんはこう考えたのでしょう。「業務のシステム化は必要だが、いまそのために人と時間、予算を割くぐらいなら、その分を新規顧客の獲得に使うべきだろう」。つまり、自分の業務目標と比べてAさんの提案が魅力的だとは感じなかったのです。

提案を上司の業務目標に関連づける

一方で、証券会社時代の先輩の吉本さん（仮名）は、「年に1回ぐらいは、役員を巻き込むような大きな仕事をしたいよな」と言いながらそれを実践し、順調に役員へと昇格していきました。彼がどのように上司や役員を巻き込んでいたかというと、彼らの業務目標を把握した上で、それに貢献するような形で話を持ちかけていたのです。

たとえば、先ほどのAさんの場合だとこのような感じです。「このシステム化によって、部員の余剰時間を生み出すことができます。それを、新しいマーケティング資料の作成や個別顧客への対応に回せば、新規顧客の獲得に弾みがつきます。営業責任者のCさんもそれを歓迎しています」。仕事が楽になるという「自分都合の提案」を、新規顧客の獲得という「上司都合の提案」にするのです。このような論法が「ダブルメリット話法」です。まず、自分のアイデアの直接的なメリットを述べたあと、「その結果」という言葉に続けて上司のメリットを述べるのです。

「業務のシステム化によって仕事が楽になります（直接的なメリット）。『その結果』、余剰時間を営業支援に充てることができます（上司のメリット）」。

あるいは、「人員を1人増やすことで、顧客向け資料のコンプライアンス・チェックが迅速に行えるようになります（直接的なメリット）。『その結果』、顧客への対応スピードが一日早くなり、営業力が高まります（上司のメリット）」。

もちろん、上司のメリットといっても、それが個人的な利益であってはなりませんが、まともな会社であれば、上司の目標は会社の事業戦略と同一線上にあるはずです。ダブルメリット話法で、「その結果」以降を上司の業務目標へと関係づけるということは、とりもなおさず、自分がやろうとしていることを会社の事業戦略へ関連づけるということです。

図表11 ダブルメリット話法で上司のメリットに関連づける

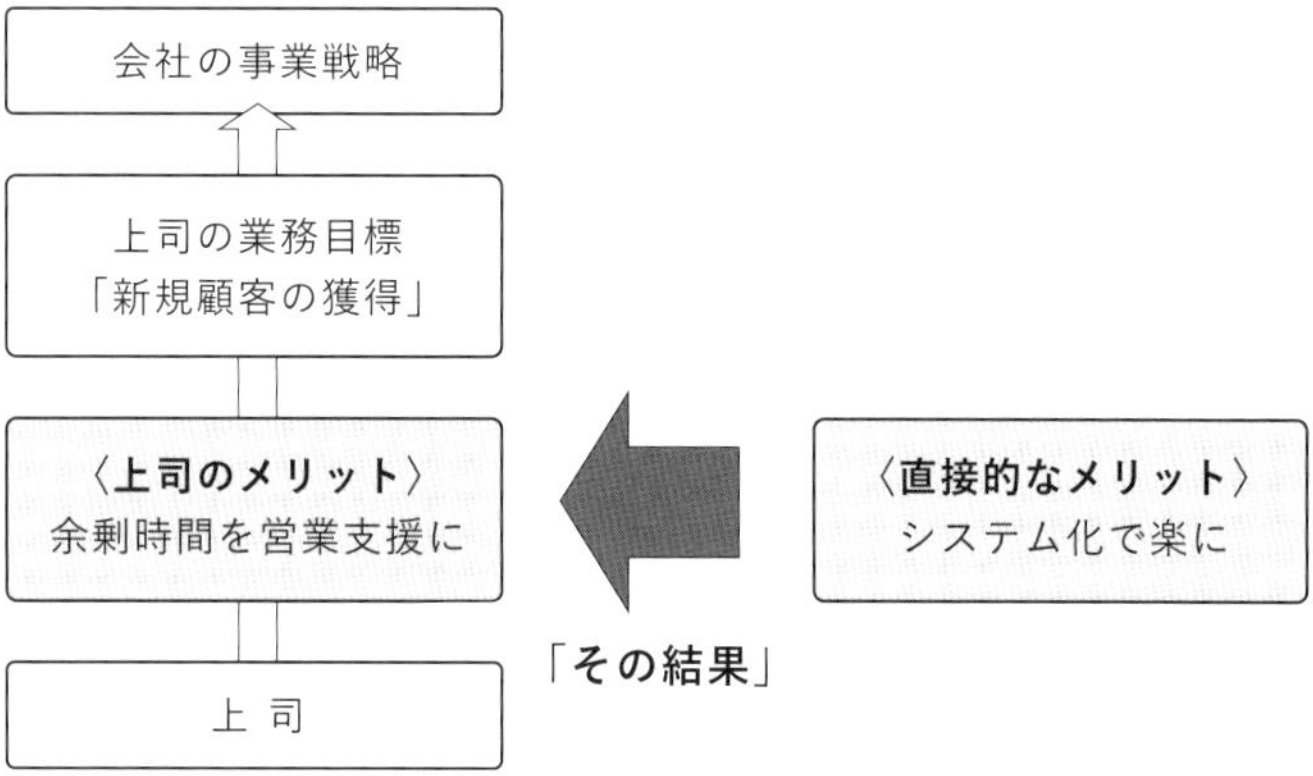

どの会社にも、実力者の信頼を得て自分のアイデアを実現している中間管理職の人たちがいます。いわゆる「じじころがし」ですが、彼らの論法も基本的には同じです。自分がやりたいことを「この話はあなたの得になりますよ、へっ、へっ、へっ」という話に仕立てて、耳元でそっとささやいているのです。提案内容が会社の方針と同一線上にある限り、この論法は「健全な上司ころがしのスキル」として強い味方になってくれます。

まあ、私の場合は、「へっ、へっ、へっ」とささやく部下たちに、思い通りにころがされていましたが。

COLUMN

シカゴの高校の「不合格」ではなく「未合格」

米国スタンフォード大学のキャロル・S・ドゥエック教授が、TEDのスピーチで次のようなことを紹介しています。

〝シカゴのある高校では、定期試験で合格ラインに達しなかった生徒に、「不合格（Failure）」ではなく「未合格（Not Yet）」だと伝えている。生徒たちは誰もが成長過程にあるが、そのスピードは異なる。試験のタイミングでたまたま合格ラインに到達していた生徒がいる一方で、その時点ではまだ到達してない人もいる（「Not Yet」とは、まだ～でないという意味）。しかし、彼らが合格ラインに向かって成長している限り、「不合格」ではなく「未合格（Not Yet）」なのである〟

何と素晴らしい発想ではないでしょうか。

仕事においても人生においても、私たちは、したくもない失敗をしてしまうことがあります。それを、素直に認めて成功への踏み台だと考えればよいのですが、人の目を気にしたり自分へのマイナス評価を恐れて、失敗を認めたくない気持ちが湧いてくることもあります。

そのようなとき、失敗を「未合格」だという発想で考え直せばよいのだと思います。役職や年齢に関係なく、自分はまだ成長過程にあり未熟で、失敗して当たり前なのです。

こう考えれば、防衛心理でガチガチになっていた両肩から、すっと力が抜けていくような気がします。理由をつけて失敗を認めようとしない人生よりも、素直に失敗を認めて成長の糧にしようとする人生の方が何倍もいいな！　と私は思っています。

第4章

正しく権限委譲を機能させるルール

チームの成果の最大化、生産性の向上、人の成長のすべてに対して必須の仕組みが、本章で述べる権限委譲です。

権限委譲とは、本来、上司が持つ権限の一部を部下に委ねることです。たとえば、新規顧客との契約金額について、これまでは課長の決裁を必要としていたものを、課長代理の決裁でよいとするなどです。つまり、権限委譲とは単に仕事を任せることではなく、決裁権限の移管を伴う仕組みの変更を意味します。

上司が常に明確な正解を知っている場合、かつ、時間的余裕がある場合は、すべてを上司が判断する「中央処理型組織」が機能します。しかし、変化していくビジネス環境に対応するために迅速かつ柔軟な判断が求められる局面では、上司に状況を説明して指示を仰いでいる過程でタイムラグが発生します。上司の処理能力を超えたときには、上司がボトルネックとなって仕事が止まってしまう危険性もあります。

この問題を解決するのが、権限委譲によって現場に判断機能を持たせる「分散処理型組織」です。

権限委譲で期待できる効果は3つあります。

1つ目は、裁量権を部下に移管して意思決定プロセスを簡素化することで、現場の対応力が高まることです。意思決定が迅速化されるだけでなく、よりニーズに密着した柔軟性のある価値提供ができる可能性が高まります。

2つ目は、これまで上司が行っていた判断を、自ら行うという経験を積むことによる担当者の成長です。判断基準や判断のタイミングを学びながら業務遂行能力が高まっていきます。

3つ目は、部下への権限委譲によって生み出した時間を本来のマネジメント業務に充てることができることです。その結果、管理職としてのより高度な仕事に注力できたり、プレイングマネジャーであれば、実務とマネジメントの両立を図ることができるようになります。

ただ、多くの管理職が口にするのが、権限委譲したくても任せられる人がいないという悩みです。そこで本章では、分散処理型組織としてチームの生産性を高めるための、正しい権限委譲の方法について紹介します。

RULE 19

できない人に任せてできるようにする

「任せられる人がいない」と嘆く人の勘違い

かつて勤めていた会社にAさんという50代の部長職の方がいました。英語が堪能で毎月のように海外に出張して、提携企業とのやり取りを一手に担っていました。Aさんの口癖は、「若手がだらしないから、いつまでも俺がやらなければいけない」でした。若手にもっと裁量権を委ねて自分は部長ならではの仕事をしたいのだが、任せられる部下がいないので、仕方なく自分が出張しているとのことです。

任せられる部下がいない

実に多くの企業で、Aさんのように部下への権限委譲に苦労している管理職の声を聞きます。皆さんが判で押したように口にするのは、「任せられる部下がいない」です。目をつぶって権限委譲をしてみたのだが、自分で判断できずに業務が停滞してしまったとか、不適切な判断によってトラブルを起こしてしまったなど、うまくいかない経験をした方も少なくありません。結局、「やっぱり任せられる部下がいない」という出発点に戻って自分で仕事を抱えてしまうのです。

しかし、このように考えている人は、権限委譲について大きな勘違いをしています。

そもそも、権限委譲とは上司の権限の一部を部下に委ねることです。すなわち、本来、上司レベルの判断能力が必要なことを、経験も乏しく判断能力も未熟な部下に委ねるということです。ということは、最初からできなくて当たり前なのです。できあがった任せられる人がいることを、期待すること自体が間違っているのです。

権限委譲とは、できる人に任せることではありません。権限委譲とは、「できない人に任せて、できないところをサポートして、できるようにすること」です。

このことを理解しない限り、いつまでたっても権限委譲をすることはできません。

権限委譲で生まれ変わったダメ組織

『7つの習慣』(キングベアー出版)の著者スティーブン・R・コヴィー博士が、「これほどまでの権限委譲を目にするのは初めてだった」と絶賛する組織があります。歴史のある大企業でもなければ、新興のベンチャー企業でもありません。米国海軍の原子力潜水艦「サンタフェ」です。

L・デビッド・マルケ氏が「サンタフェ」に艦長として着任したとき、同艦の評価は米海軍内で最低でした。乗員の知識、操作能力、モチベーションは底辺レベルで、ほぼ全員が他艦への異動を希望しているというありさまでした。

そこで、マルケ艦長が約130人の乗員1人ひとりの話をていねいに聞くことで出した結論が、徹底的な権限委譲によって乗員の自主性と仕事への意欲を引き出し、艦の戦闘能力を高めるというものでした。幾多の困難があったものの、最終的には「命じる」から「委ねる」へのマネジメントの変更が功を奏しました。その結果、「サンタフェ」は数々の賞や栄誉を獲得する海軍屈指の最強艦に生まれ変わったのです。（注1）

マルケ艦長が行ったのは、最初からできる人などいないことを前提に、能力的に少し不安だと感じる乗員に任せてみて、できないところをトレーニングによってできるようにするといった方法です。「部下を信じて任せてみる」ということの本当の意味は、部下のいまの技術水準を信じるということではなく、部下に学習して成長する力があることを信じるということなのです。

このような権限委譲を実現するために、私たちはどのように部下をサポートすればよいのかを、このあと述べていきます。

注1：『米海軍で屈指の潜水艦長による「最強組織」の作り方』L・デビッド・マルケ著／花塚恵訳（東洋経済新報社）より

RULE 20

任せるときには判断基準を共有する

裁量権を与えただけでは
権限委譲とは言えない

「できない人に任せて、できないところをサポートして、できるようにする」という権限委譲の基本スタンスにおいて、必ず上司と部下で共有しておくべきことが1つあります。次の例で考えてみましょう。

Hさんの課は、新規顧客への製品導入に向けた最終局面に来ています。相手は大手企業でビッグチャンスなのですが、採算割れギリギリの契約金額を提示されています。Hさんは上司の部長から裁量権を委譲されているのですが、どうすればよいか迷ったまま時間だけが過ぎていきます。

何を優先させるべきかがわからない

この場面では、せっかく現場の機動力を増すために行った権限委譲が機能していません。なぜこのようなことが起きるかというと、Hさんは裁量権は与えられているものの、何を基準に判断すればよいかがわかっていないからです。つまり、判断基準がないのです。正しい権限委譲とは、裁量権と判断基準が同時に与えられるものでなければなりません。

もしこのケースで、受注条件として、「利益率か利益額のどちらかが決まった水準を超えること」という基準が示されていたとします。であればHさんは、どちらかをクリアすることに焦点を絞って交渉を進めることができるでしょう。権限委譲における判断基準とは、仕事において何を優先させるべきかといった業務方針のことです。

たとえば、

- この商品は、売上重視ではなく利益率重視で販売する
- 今年の研修予算は、一般社員よりも管理職層を対象としたものに重点配分する
- 顧客の過剰な要求には、(1) 代案提示、(2) 金額交渉、(3) 拒否の順で対応する
- 人手による操作ミスはゼロにはできないという前提で、ミスの発見機能、リカバリー機能を強化する

のようなものです。

実際の業務方針はそれぞれの職場で異なりますが、それが、チームの中心業務に対する判断基準として共有されていれば、Hさんのような例は少なくなっていきます。

反対に、業務方針の共有がないまま、判断能力が未熟な部下に権限委譲が行われると、判断できずに仕事が止まってしまったり、その都度上司に判断を仰ぎに来ることになってしまいます。部下が自分勝手な基準で判断を行い、「ちょっと待てよ」となるかもしれません。

Hさんが「任せるからよろしく」としか上司に言われていなかったとしたら、それは権限委譲を行った気になっている上司に問題があります。権限委譲することがゴールではなく、現場の意思決定力と機動力を高めることがゴールなのですから。

部下と業務方針を共有するためには、そもそも、管理職自身がチームの中心業務に対する業務方針を明確に持っていることが前提です。上から降りてくる業務方針があるでしょうが、それを自分のチームに落とし込むとどのような表現になるのか、どう伝えれば部下が自分事として理解できるのか――このような視点で自分の言葉で定義し、部下たちに伝えておくことが大切です。

ダイバーシティとして多様性が尊重される時代ではありますが、それはメンバーが自分勝手に仕事をして構わないという意味ではありません。あくまでも、組織の方針を前提として、それと整合的な形で1人ひとりの考えを尊重するという意味です。

裁量権の委譲と同時にチームの業務方針が共有されることで、権限委譲が健全に機能し、現場の機動力が高まっていきます。

RULE 21

迷わず介入すべき3つの局面

「任せたからには口を出さない」という根拠のない信頼はアダになる

権限委譲に際して、「任せた以上、口を出すべきではない」と考える上司は少なくありません。部下の育成を考えたら自力でやらせるべきだとか、口を出すとモチベーションを下げてしまうので我慢すべきだなどが理由です。

もし、その仕事が正式な裁量権の移管を伴わないもの、つまり、決めるのは上司だがやり方は任せるというものであれば、私もその考え方に共感できます。しかし、権限委譲のような裁量権の委譲を伴う高度な仕組みの変更は、くれぐれも慎重を期すべきです。

もちろん、過剰な介入で実質的に自分が仕切ってしまうことは避けるべきですが、権限委譲が「できない人に任せてみる」ことである以上、局面に応じた必要最低限の介入は必要です。特に上司が気にかけておき、問題を感じたら迷わず介入すべき局面は次の3つです。

①判断根拠に危うさを感じたとき

権限委譲と同時に共有する判断基準はあくまでも根底にある原則であり、すべてのことを詳細にカバーしているわけではありません。部下の下した個別の判断に気になる点を感じたら、その判断の根拠を確認する必要があります。

業務方針と整合的で部下なりによく考えた判断であれば尊重します。しかし、その点が曖昧で「何となく」だったり、リスクを過剰に怖がっているようでは、判断力が磨かれているとは言えません。気になることを率直に伝えて、あらためて、業務方針やそこから来る判断基準をよく話し合うことが必要です。

②人間関係が悪化してきたとき

ギリギリの状態で仕事をしているときほど視野が狭くなり、周りへの気づかいがおざなりになりがちです。仕事の進め方やものの言い方に反感を買っていたり、ちょっとした行き違いで関係者と不仲になっていたりします。

しかし、本人がそのことに気づかずに、仕事に非協力的な人を、相手のやる気のせいだと一方的に決めつけたりすることもあります。問題だとは思っていても、どうしていいかわからないまま放置している人もいます。

人間関係はパフォーマンスに影響し、一度壊れると修復に多大な努力を要するため、そうなる前に注意喚起すべきです。自分がそう感じていることを理由とともに率直に伝え、本人の考えを聞きます。部下と自分の認識を一致させた上で、自分がサポートできることを含めて対応策を一緒に考えればよいでしょう。

③重要なリスクが増大しているとき

何が重要なリスクかは仕事やチームによって違いますが、ひと言で言えば、チームの成果の最大化に甚大な悪影響を与えるものです。

たとえば、対顧客サービスを担っているチームであれば、顧客との信頼関係が重要なリスクです。それがぐらつき始めているにもかかわらず、本人が気づいていなかったり、気づいていても、プライドが邪魔をしてそこから目をそらしている場合があります。この状態を放置すると事態が悪化して取り返しがつかなくなるため、やはり、そうなる前に介入すべきです。

管理職は自分のチームの重要なリスクが何かを明らかにして、仕事は任せるにしても、その点に関する報告を定期的に受けるなど、よく注視しておく必要があります。

違和感を覚えたら、やはり自分の懸念を理由とともに伝えて本人の考えを聞きます。上司が率直に伝えれば伝えるほど、両者の認識は早く一致します。その上で、解決策を一緒に考えましょう。いま、何を優先すべきかを明確にしたり、ボトルネックになっている箇所を特定したりするだけでも事態が好転することがあります。

図表12 **権限委譲の好循環**

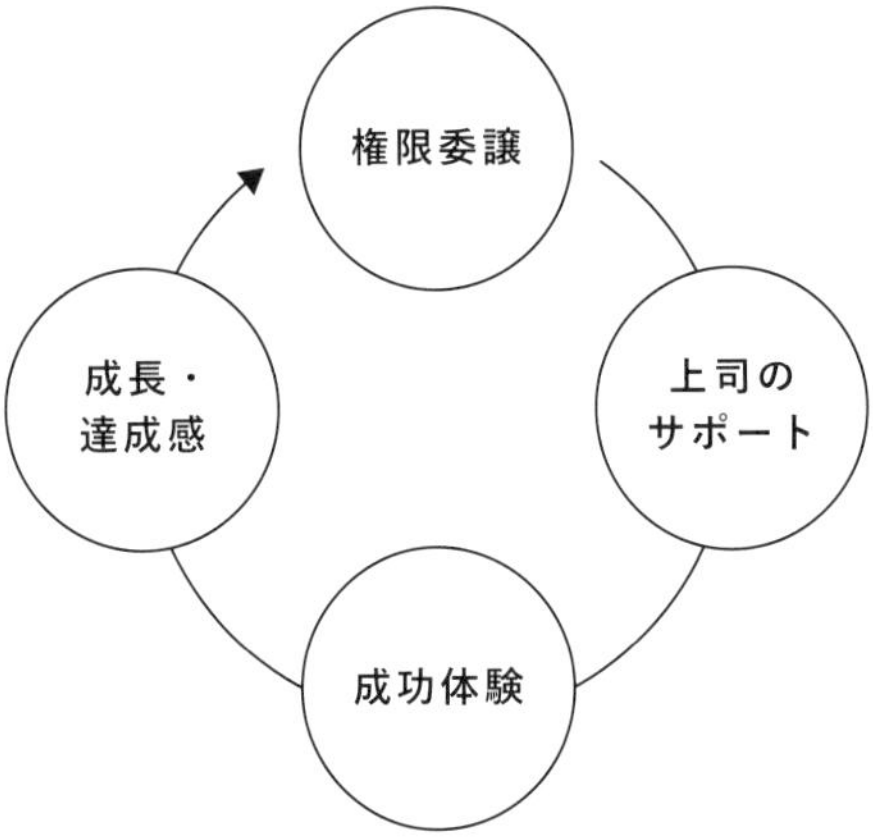

部下と話し合いながら明らかになった問題をどう改善すべきかは、ぜひ本人に考えてもらいます。権限委譲の基本スタンスが「やらせてみて、できないところをサポートする」である以上、可能な限り、部下が自分で考えてやってみることが成長への経験になるからです。

子どもが自転車に乗れるようになるまでには、補助輪付きでペダルを漕ぎながら「自転車に乗る」ということがどういうことなのかを、実際に体感する過程が必要です。その後、補助輪を1つ外し、2つ外して、次第に自走できるようになっていくのです。

上司の役割は、最終的に部下が自走できるようになるための補助輪です。いきなり補助輪なしで公道を走らせようとするからトラブルが起きて、「やっぱり任せられない」となってしまうのです。

上司のサポートを受けながらも、自分で考えた方法でやり遂げて結果を出すという成功体験を通じて、課題認識力、判断力、行動力が強化されてくると、徐々に上司の手がかからなくなります。これすなわち部下の成長に他なりません。部下が自分の成長や達成への喜びを実感してくると、上司はさらに広範囲、高レベルの仕事を任せることに挑戦できます。これが権限委譲の好循環です。

RULE 22

フィードバックは時間差なしで行う

「あとでまとめて」は成長機会の剥奪になる

管理職になって大きく変わることの１つが、部下とのコミュニケーションが発生するということです。同時に、日々の仕事に追われてその時間が十分にとれないというジレンマも、多くの管理職が経験することです。権限委譲した部下へのサポートを含めて、部下との効果的なコミュニケーションについて紹介します。

1on1ミーティングを半年先まで入れてしまう

最近は日本の企業にも導入されつつありますが、私のいた米国の会社でも、1on1（ワン・オン・ワン）ミーティングと呼ばれる、上司と部下の定期的な個別ミーティングが行われていました。Aさんとは毎週月曜日の９時から30分、Bさんとは９時半から30分など時間帯を決めて、ＰＣ上のスケジュール表に半年先まで入れてしまいます。これは、優先度の高い仕事としてよほどのことがない限り実施します。

ミーティングの頻度と時間は、役職レベルや部下の人数によって様々ですが、私の米国人上司は、私を含めた５名の役員クラスの部下とそれぞれ毎週45分ずつ行っていました。私は私で、直属の部下である４名の部長とそれぞれ毎週45分ずつという具合です。部長、課長レベルになると、各スタッフと毎週15分ずつ、あるいは、部下のうちリーダークラスの人とだけ毎週30分など、状況に応じて柔軟に対応していますが、定期的に1対1の個別ミーティングを持つということには変わりありません。

1 on 1ミーティングの目的は定期的に行う人事面談とは違い、日々の仕事のスピードと質をより高めていくための実務的なコミュニケーションです。権限委譲した部下へのサポートも、このミーティングを通じて行われます。

話し合う内容は、仕事の進め方は効率的か、いま対処している問題の解決方法は妥当か、部下が困っていることや上司がサポートできることはないか、業務推進上、気になっていることはないかなど、仕事そのものを進めるためのものです。

時間はわずかでも、このようにして上司と部下が成果へ向けて力を合わせる機会を持つことで、先の仕事に何倍もの良き影響を与えるレバレッジ効果（テコの作用）が生まれます。

米インテル社も1 on 1ミーティングを効果的に行っている企業の1つです。元CEOのアンドリュー・グローブ氏も、「あなたの割く90分という時間が、2週間分あるいは80時間なにがしの部下の仕事の質を上げ、かつ、部下がやっていることについての理解が高まることになる。すなわち、ワン・オン・ワンが発揮するテコ作用は明らかに大きい」とその効果を述べています（『HIGH OUTPUT MANAGEMENT――人を育て、成果を最大にするマネジメント』日経ＢＰ社）。

日常の会話やメールは、どうしてもその場で思いついた断片的な内容になりがちです。定期的に時間を確保した１on１ミーティングは、お互いが伝えたいことを事前にメモして準備するなど、明確な目的意識のもとで臨むため、日常のコミュニケーションと比べて密度の高いものとなります。

原則はリアルタイムのフィードバック

１on１ミーティングでは、上司が部下に感じている仕事への姿勢や能力的な課題、仕事の進め方についての改善要求など、部下の成長に関わることも話し合われます。特に、経験値の少ない部下に裁量権を与える権限委譲では、この点に注力する必要があります。

どの企業にも一般的には四半期や半年ごとの定期的な面談があるとは思いますが、上司が気になっていることを面談のときまで放置しておくのは大きな時間のロスです。部下の成長を可能な限りリアルタイムでサポートするためには、週一回、最低でも月一回の頻度で必要なフィードバックを行うことが効果的です。

1on1ミーティングは、仕事をより良く進めるために上司と部下が協力する時間です。1人ひとりの個性や強みを尊重したコミュニケーションであるために、1対1で行うことに意味があります。

「忙しい中、よくそのような時間をとることができますね？」と聞かれることがありますが、これは選択の問題です。もし、1on1ミーティングが、いまやっているすべてのことよりも優先順位が低いと考えるのであれば、そのような時間をとらないというのは妥当な選択です。

しかし、多くの外資系企業のマネジャーたちは、仕事にレバレッジをかけるために必要なコミュニケーションとして、さらに、部下の成長をリアルタイムでサポートするための機会として、優先順位の高い仕事として1on1ミーティングを位置付けています。

補足 部下の成果に対する認識ギャップの修正

権限委譲を行う際には、それを業務評価にどう反映するかを事前に話し合っておく必要があります。部下は、これまでの仕事よりも高いレベルの価値を会社に提供するわけですから、それに見合った評価、処遇があってしかるべきです。ただ、業績評価シートに権限委譲という項目は一般的にはないでしょうから、どの評価項目に反映させ、それが、賞与、年俸、昇格のどこにつながるのかを、上司は部下に明らかにする必要があります。

任せてもらったことを粋に感じて前向きに取り組んでいるうちはいいのですが、ふと、「やり損では？」と思われたりしないためにもこの点を忘れてはなりません。

権限委譲に限らず、上司は部下の仕事を正確に把握して正しく評価する責任があります。しかし、ときには、部下の成果を見過ごしてしまうこともあります。また、部下は部下で、自分の成果を過大評価しがちです。

もし、部下の成果に対して両者の認識にギャップがあったとして、それが数カ月に一度の評価面談で突然明らかになったとしたらどうでしょうか。上司に対する部下の信頼は一気に崩れてしまいます。そうならないためにも1on1ミーティングの中で、ここまでの部下の成果に対する自分の考えを率直に伝え、両者の認識を常に一致させておくことが大切です。

日頃から、そのように、時間差なしのコミュニケーションをとっておけば、年度末の業績評価面談はそれを確認するだけの場となり、ものの5分で終わります。私と上司との面談が毎回そうでした。

RULE 23

「君ならできる」という安易な言葉は信用されない

尻込みする部下には「君だからできる」で根拠を伝える

権限委譲を行おうとしたとき、喜び勇んで前向きに取り組もうとする部下がいる一方で、「いや、私には」と尻込みする部下もいます。指示された仕事をすることに慣れてしまっているため自信がないのです。

そのようなとき、私たちは「大丈夫だ、君ならできる」という言葉で部下を励まそうとします。しかし、この言葉を多用する上司は、本当に部下のことを理解しているとは言えません。なぜならば、「君ならできる」は、誰でも、いつでも、特に根拠がなくても使える都合のよい「気合いの言葉」だからです。なぜそう思うかという根拠を言わなくても済んでしまうので、「いやー、そうは言っても……」という部下の反応を招いてしまうのです。

「君だからできる」で根拠を伝える

本気で部下を信じて勇気づけようとするのであれば、「君だからできる」と伝えるべきです。「君ならできる」には言いっぱなしで済まされる語感がありますが、「君だからできる」には、その後に根拠を言わざるを得ない語感があります。

この分野で十分な経験を積んできた君だから、今年も業務改善に熱心に取り組んだ君だから、この前の失敗から目的の重要性を学んだ君だから、そんな君だからこそ、私はできると

図表13 「君だからできる」で根拠を伝える

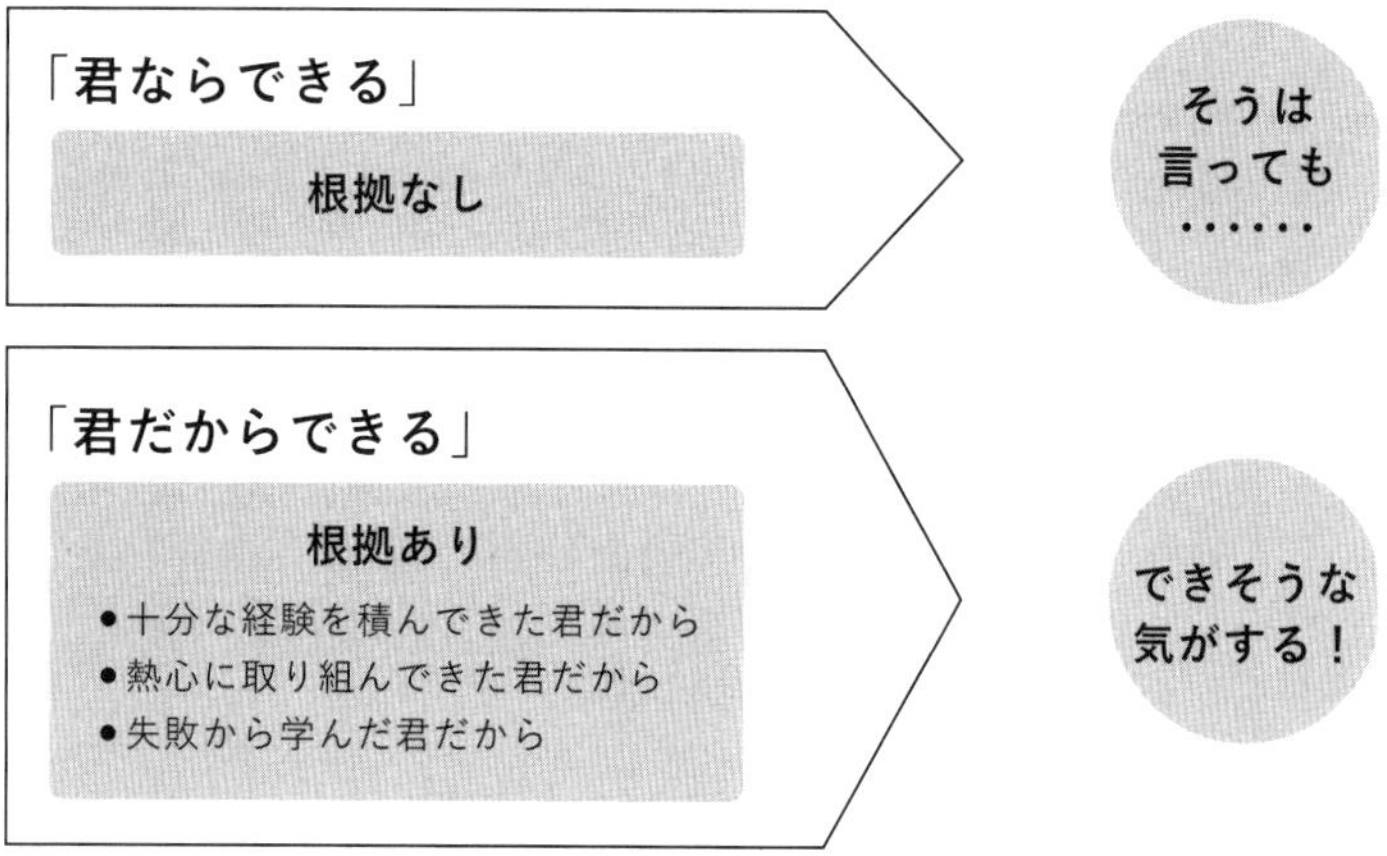
「君ならできる」
根拠なし
そうは言っても……
「君だからできる」
根拠あり
●十分な経験を積んできた君だから
●熱心に取り組んできた君だから
●失敗から学んだ君だから
できそうな気がする！

信じている——このような根拠を明確に言い切る上司の「君だから」で初めて、部下は上司の真剣な期待を感じることができるのです。

私の米国人上司だったM氏は、私に仕事を与えるときには難易度が高ければ高いほど、「You are the best person, because……(あなたがこの仕事に最もふさわしい人だ。なぜならば……)」と、そう考える根拠を真剣に語ってくれました。そこまで言われると、こちらも全力で応えようという気になっていくのです。

なお、上司は「君だから」を伝えたあとに、自分がサポートすることを明確に伝える必要があります。部下に挑戦してもらうと同時に、自分も部下を支えるという意志を示すのです。

私の上司M氏も、「自分にどのようなサポートができるのか？」と常に聞いてくれていました。彼は米国親会社の幹部連中と太いパイプを持っていたので、米国の社員の協力を仰ぐ必要があるときなど、「では、1つお願いが」と力を貸してもらっていました。

「部下データベース」をつくる

「君だからできる」の根拠を伝えるためには、普段から部下をよく観察しておくことが大切です。何となく部下を見ていたのでは、部下の経験や専門的なスキル、仕事への意欲や特性などを正確に把握することはできません。それでは、せっかくの「君だから」のあとの言葉がでまかせになってしまい逆効果です。

私は、部下には内緒で「部下データベース」をつくっていました。職歴、専門性、これまで経験してきた業務、ここまで出してきた成果などをエクセルに記録するとともに、自分が感じた部下の特性や強み、苦手だと感じること、成長してきたと思う分野などを、随時、更新していくのです。もちろんパスワードをかけ、ファイル名もそうとはわからないものにして鍵をかけたフォルダーに保存するなど、取り扱いには細心の注意を払っていました。

データを更新するたびに部下のことが頭に刻み込まれるため、いざというときのコミュニケーションに大いに役に立ったのです。このように、情報を蓄積する受け皿をつくっておくと、自然と部下の行動にも関心が向いていきます。

自分をよく見てくれている上司から根拠のある激励を受け、さらに具体的なサポートを確約してくれる――そのとき初めて部下は、「自分だからできる」と確信するのです。

補足 やりたくない人はどうするか？

自信がないのではなく、そもそもやりたくない――つまり、指示されたことをやっている方が楽でいい、あるいは、余計なことを押しつけられたくないと思っている部下はどうすればよいのでしょうか。

権限委譲は上司の裁量権を部下に委ねるものですから、すべての部下が対象となるわけではありません。たとえば、7人のチームであれば、対象となるのは、序列的、能力的に、せいぜいナンバー2かナンバー3ぐらいまでの部下です。

原則として、権限委譲されたくない人にはしなくていいと思います。ただし、次の管理職候補とも言える立場の人が「やりたくない」と言うことが何を意味するのかを、よく伝えておく必要があります。

自分で判断する経験を通して人は成長すること、それが管理職への助走となること、同時にチームへの貢献でもあることなどを伝えた上で、この先、どのような立場でどのような仕事の仕方をしたいと思っているのかを聞いてみます。自分で判断したくない人は管理職にはふさわしくないことも、率直に伝えるべきでしょう。

それでもやりたくないのであれば、いったん管理職候補から外して、権限委譲の機会を別の部下に与えればよいと思います。ただ、完全に切り捨てるのではなく、チーム内の何らかの役割を担ってもらい、「自分の責任で仕事をするのもいいかも」という気づきを促します。

このような、相手と状況に応じたマネジメントは管理職の腕の見せ所です。管理職自身にとっても、経験と成長のための絶好の機会だと思って前向きに取り組めばよいでしょう。

RULE 24

無敵の人材価値「マネジメントができる専門家」を目指す

マネジメントに
専念するほど
人材価値は低下する

管理職になりたてのころは、多くの人がプレイングマネジャーではないでしょうか。しかし、日本企業には管理職は徐々にマネジメントに専念することを期待する風潮があります。背景にあるのは、戦術策定や部下育成などを放置して、慣れているプレーヤー業務にうつつを抜かしてもらっては困るという経営や人事の考え方です。プレーヤーから脱却して管理職にしかできないことに集中すべし、といった人事コンサルタントの主張も目にします。

しかし、私たちが目指すべき管理職の姿は「マネジメントができる専門家」です。

なぜ、「マネジメントができる専門家」なのか？

1つ目の理由は、それがチームの成果の最大化につながるからです。高い水準で仕事ができる自分自身がプレーヤーとして仕事をすることで、チームの成果はより高まるでしょう。昨年、三冠王を取った強打者が、今年監督になったからといって、急にプレーヤーの座を降りるわけはないですよね。チームが勝つために、当然、今年もバッターボックスに立つでしょう。

また、実務に必要な専門性を有している管理職だからこそ、重要な局面で的確な判断ができるのです。「専門的なことがわからない上司をどう扱えばよいのか」という質問をよく受けます。この問題はかなり深刻になってきているようです。

2つ目の理由は、特定分野の専門性を維持・向上させ続けることが、自分の人材価値を高めることになるからです。いま、市場では専門能力を基準とした人材価値の再評価が起きています。つまり、市場で評価されるのは専門家としての業務能力です。

もし、会社の意向を受けてマネジメントに専念してしまったら、その瞬間から日進月歩の技術革新と環境変化についていくことができなくなり、専門家としての戦闘能力が退化していきます。マネジメント力は身についても、行き着く先はその企業の中でしか通用しないゼネラリストです。ゼネラリストに高い市場価値はつきません。

マネジメントと実務を両立するためには、これまで本書で述べてきたような方法で仕事の生産性を高め、さらに権限委譲によって時間を確保することです。本章の冒頭でも、権限委譲で期待できる効果の3つ目としてこの点を挙げています。

現に、外資系企業の管理職はそれを実現しています。たとえ部長クラス、役員クラスであっても、ほとんどの人がプレイングマネジャーとして仕事をしているのです。

私は米国企業で役員の1人として経営に携わっていましたが、そのときでも1人のコンサルタントとしていくつかの顧客企業を担当していました。調査担当の役員も、チームの誰よりも高い調査能力を発揮して質の高いレポートを出し続けていましたし、法務担当役員も、社内で最も高い専門性を有する法律家として、会社を代表して自ら契約交渉に臨んでいました。彼らが目指しているのも「マネジメントができる専門家」なのです。

隠れプレーヤーとして専門性を維持する

日本企業で働いている管理職の皆さんは、マネジメントと専門家であることを両立させるために、特に次のような点を意識するとよいでしょう。

- 管理職になってもプレーヤーとしての時間を一部でも残す。
- その時間をつくり出すために管理職としての生産性を高める。
- 自分が最高のプレーヤーとして仕事をしている姿を部下に見せる。しかし、部下にもチャンスを与えて、それを全力で支援する。
- 現場のことは1から10まで把握する。ただし、それはあくまでも管理職として質の高い意思決定をするためであり、把握はしても余計な口出しはしない。

- マネジメントに専念することを上司から求められたとしても、「隠れプレーヤーとして」仕事をする。たとえば、現場の実務は行わなくても、先端情報と知識を常にアップデートすることで、専門的なやり取りができるレベルを維持する。

馴染みのない分野に管理職として異動したので、いちからプレーヤーとして仕事を覚えることはさすがに無理、という場合でも、最低限、次のようなレベルは目指すべきです。

- 仕事の内容を深く理解して、部下と専門的な会話ができる
- 部下の意見を聞きながら自分の基準で専門的な判断ができる
- 部外や社外の会議、あるいは交渉で、自分自身が専門家として話ができる
- 現場の実務はできなくても、技術的な特性を理解した上で問題解決が図れる
- 組織の専門性を理解した上で、問題発見と価値転換のためのアイデアを出せる

反対に、なってはいけないのはこれらの逆の状態です。

- 仕事の内容を深く理解していないので、専門的なことまでは部下と話せない

- 部下の意見に流されたり、根拠のない部下への信頼で判断する。判断できない
- 部外や社外の会議、あるいは交渉で、専門的な話はすべて部下に任せる
- 部下の上げてくる課題や問題がすべてだと考え、狭い範囲で解決を図ろうとする
- 組織の専門性を理解しないままピント外れの指示を出して部下を混乱させる

もし、このような状態になってしまったら、たとえ仕事の環境づくりを行ったり、人脈を生かして協力体制をつくったり、交渉力を発揮して部下の仕事をサポートしたりしても、行き着く先は、専門的なことがわからない社内でしか役に立たないゼネラリストです。繰り返しますが、ゼネラリストには市場で高い価値はつきません。

今後、ビジネスパーソンとしての人材価値は、特定分野の高い専門性がベースとなります。それを有していることを前提に「マネジメントができる」という付加価値がつけば、市場で評価される人材価値は一気に高くなります。環境変化の中で、将来的に価値提供できる人であり続けるための選択肢も広くなるのです。

まだプレーヤーとしての戦闘能力が高い管理職になりたてのいまこそ、無敵の市場価値である「マネジメントができる専門家」を明確に目指す絶好の機会です。

COLUMN

「ねぇねぇ、聞かせてよ」と迫ってくる外国人社員たち

外国人のビジネスパーソンたちと仕事をしていると、時々、次のような言葉を耳にします。

「Tell me your success story.（あなたの成功話を聞かせてよ）」

場面としては、誰かが仕事で成果を出したときや、ビジネスを大きく伸ばしたときなどです。周りの人たちが興味深そうに「ねえねえ、どうやってやったのかちょっと聞かせてよ」と成功談を聞かせてもらおうとするのです。聞かれた方も、少しばかりドヤ顔を入れながら喜んで経験を共有します。聞き手が何度も「Interesting!（面白いね！）」と相づちを打つのも定番です。

この会話は、同じ国の事務所内とか、同じ仕事をしている同僚内とかに限定されているわけではありません。営業部門の成功談にシステム部門の社員が興味を持って「ねえねえ」と聞いて来たり、海外出張の際に現地の社員が集団で「ねえねえ」と質問に来たり、あるいは、ヒラ社員の席までCEOが「ねえねえ」とやって来たり、部門や役職に関係ありません。

私が彼らに感じるのは、学べるものは何でも学ぼうという貪欲な学習意欲です。違う分野であっても、問題へのアプローチ方法や、対人関係のハンドリング方法、key success factor（成功のカギとなった要因）など、参考になることは山ほどあります。

いまは、著名な成功者のインタビューを簡単にネット動画で観ることができる時代ではありますが、それでも、当の本人から生の成功談を直接聞くことほど貴重な学習機会はありません。さらに、この「ねえねえ」は、個人的な学習の域を超えて、米国の成功体験が日本で共有されるなど、世界中で成功体験が共有されている状態をつくり出しているのです。

私たちの周りにも、身近で等身大の成功談がたくさんあると思います。相手の時間に配慮しながらも、爽やかな図々しさで、「ねえねえ」と話を聞かせてもらうのはいかがでしょうか。

第5章

自律型人材を育成するルール

変わりゆく時代に対応した事業や組織の再編が進むなど、会社の価値提供の枠組みが流動的になっていきます。そこで、最近の経営者や人事関係者が頻繁に口にしているのが自律型人材という言葉です。

言われたことだけをやるのではなく、自分で考えて自分で行動する人材という意味です。第4章で述べた権限委譲による分散処理型組織を機能させるためにも、この自律型人材の育成は不可欠です。

しかしながら、現場の管理職の方から聞こえてくるのは、自分で考えずに正解を教えてもらおうとする部下を嘆く声です。「何かにつけ、どうしたらいいでしょうかと、すぐに答えを求めてくるのです」。「そうなんですか、もう少し詳しく……」と話を聞こうとする間もなく、「櫻田さん、こういう部下はどうしたらいいでしょうか?」――このように、部下のことを嘆いている自分自身も同じように正解を求めているという現象が、日本中のいたるところで起きています。

これまでは、上司が自分の経験から得た知識やスキルを教えることで、部下を育成してきました。ビジネスの形態や仕事の内容が大きく変わることがない職場においては経験値がモノを言うため、それが最も効率的な育成方法だったのです。しかし、その結果、仕事には正解があり、それは上司が教えてくれるものだといった受け身の姿勢が、社員の体に染み込んでしまいました。

この先は、テクノロジーの進化によって、人が決まったことを決まった方法で行う定型業務にかける時間が減少する一方、新しい分野への取り組みや、対人関係の仕事で発生する非定型業務にかける時間がますます増えてきます。そこでは、教えてもらった正解をそのまま使っても必ずしも役に立たず、状況に応じて自分で考えて応用していく力が要求されます。

本章では、自分で考え自分で行動できる自律型人材を育成するための方法について述べていきます。それは、社内だけではなく社外でも通用する高い人材価値を持った人への成長であり、そのような部下育成を通して、あなた自身の成長にもつながります。

RULE 25

「結果を出せ」ではなく「いますべきことは何か？」と問う

成功確率を高める
冷静な状況判断

外資系資産運用会社の日本法人ＣＥＯの土屋さん（仮名）は、営業社員に対して「数字を上げろ」とは決して言わないそうです。その代わりに、次の２つの言葉を投げかけているとのこと。

「いますべきことが何かわかっているか？」
「それをやっているか？」

仕事は顧客ありきのものであるため、こちらの都合だけで数字が上がるわけではない。しかし、顧客に対して正しいアプローチを続けていれば、必ず「そのとき」は来る。だから、常にいま取るべきアプローチを正しく自覚し、それを実行しているかどうかが大事だというのです。

「いますべきことが何かわかっているか？」というのは単純な問いかけですが、それに的確に答えるのは実はそう簡単ではありません。

上司「いますべきことが何かわかっている？」
部下「はい、数字を上げることです」

これではまったく回答になっていません。結果を出すという大前提を言っているに過ぎず、100%「どうやって?」と聞き返されます。

上司「いますべきことが何かわかっている?」
部下「はい、数字を上げることです」
上司「どうやって?」
部下「お客様にもっと信頼してもらえるようになることです」

これでも、まだダメです。「再び、どうやって?」と突き返されます。上司が求めているのは、現状を認識した上で、最終的な結果に結びつくための「具体的な行動」だからです。この上司の問いに的確に答えるためには、次のようなことが頭の中で整理されている必要があります。

たとえば、

- 相手の自分への信頼レベルは5段階でどの程度か? 何を根拠にそう考えるのか?

- そのレベルを1つ上げるためにすべき行動は何か？　それを自分はやっているか？
- その結果、自分への信頼感は高まりつつあるのか？　Ｙｅｓであれば、その根拠は？
- どのレベルまでいけば、顧客が内部事情を話してくれるようになるのか？　そう考える具体的な理由は何か？

このようなことが頭の中で論理的に整理されていると、営業活動の効率性が増してきます。闇雲に努力する場合と比べて成功確率も高まっていきます。

正しい状況判断と、それに適したアプローチ

仕事の成功確率を高めるために必要なのは、正しく状況判断できる力と、それに最も適したアプローチを取れる力です。土屋さんが社員に投げかけている問いかけは、この2つの力を育むためのものです。成功確率の高い人へと成長するということは、とりもなおさず、高い人材価値を有するビジネスパーソンへと成長するということです。

仕事はもちろん結果で評価されますが、安定的に結果を出すためには、このように、正しいプロセスで仕事をする力が大切なのです。

そこで、プロセスと結果との関係について、次の優先順位を覚えておくとよいでしょう。

1 理想的なのは、良いプロセスで成功すること。
2 次に望ましいのは、良いプロセスで失敗すること。
3 次は、悪いプロセスで失敗すること。
4 最も良くないのは、悪いプロセスで成功すること。

目先の勝ち負けだけを見るのではなく、正しいプロセスで仕事ができたかどうかを厳しく自己評価することが大切なのです。それなくして、正しい状況判断力もアプローチを取る力も身についていきません。

元メジャーリーガーのイチロー氏が、シーズン最多安打記録を84年ぶりに塗り替えた翌シーズンのことです。開幕以来「本来、バットの当たるはずのところにボールが当たらない」というバッティングへの違和感を持ち続けていました。それでも、4月を3割5分6厘という高打率でスタートしたのですが、そのときの言葉が、「4月が終わったとき、3割5分の数字が残ったのがすごくイヤだった。それですべてをよしとしてしまうのが怖かった」です。

そこで、ビデオを観てフォームを調整し、最終的にシーズン200本安打記録を5年に伸ばします（『イチロー・インタビューズ　激闘の軌跡　2000-2019』石田雄太（文藝春秋）より）。

イチロー氏は厳しい自己評価によって、最も良くない「悪いプロセスで成功する」ことを戒めていたのです。私たちは、悪いプロセスで成功したときでも、結果オーライで済ませてしまいがちです。しかし、そこからの学びはありません。自分はツイていたとか運があると考え、気持ちに緩みが生じます。その結果、いずれ、「悪いプロセスで失敗する」だけの人になってしまいます。

チームの成果に責任を持つ管理職としては、部下に対して「結果を出してこそナンボだ」「やりきることが大事だ」と連呼したくなります。もちろん、その考え方自体は間違っていませんが、それだけでは、「勝ってナンボだ。とにかく勝て」と叫ぶだけのサッカーの監督と変わりありません。それで勝てるのであれば、誰でもワールドカップで優勝できるでしょう。

私たちは、結果を出すことの重要性を伝えながらも、部下が正しいアプローチでそこに向かっているかを、常に確認しておくことが大切なのです。

RULE 26

自分が行った判断の根拠を部下に質問する

その場で上司の思考を追体験する実践学習

証券会社時代の上司の坂口さん（仮名）は、英国留学後にニューヨークで活躍したグローバル営業マンでしたが、私の考える力を本当によく鍛えてくれました。

坂口さんが課長として何らかの判断を下したとき、その直後に、横の席の私に向かって「なぜ、このような判断をしたのだと思う？」と必ず問いかけてくるのです。私もできるところを見せようとして懸命に考えて答えるのですが、なかなか当たりません。

しかし、その後に聞かせてもらう正解から、彼の判断の裏にある思考過程を学ぶことができました。上司が実際に行った判断の過程を部下が追体験していく「判断のトレース」です。

できる人の行動を観察するというのは1つの学びの形です。しかし、行動観察だけでは、表面的な行動を真似することはできても、違う局面での応用力はつきません。行動の裏にある考え方を理解していないからです。できる人の考え方まで理解して初めて、応用力を伴う学習をしたと言えるのです。「判断のトレース」は、目の前で実際に起きていることを教材として、その場で考えて答え合わせができるという点で、部下が上司の考え方を学ぶ臨場感のある機会となります。

アウトプットするから記憶に定着する

「判断のトレース」で最も重要なポイントは、上司がいきなり自分の判断根拠を言うのではなく、坂口さんのように、「なぜこのような判断をしたのだと思う？」と部下に問いかけることです。考える力を育むためには考えてもらわなければなりません。

自分で考えたことを言葉としてアウトプットすることの効果は、脳科学の点からも指摘されています。東京大学大学院教授の池谷裕二氏は、著書『脳には妙なクセがある』（新潮社）の中で、次のようなことを述べています。

これまで、記憶の定着にとって重要なことは何度もその情報が脳に来ること、すなわちインプットの頻度だと考えられていたが、最近の実験によってインプットよりもアウトプットの方がより強い影響があることがわかってきた。試験勉強を例にとれば、テキストや参考書を何度も読む（インプット）よりも、問題集を繰り返してやる（アウトプット）方がより効果的な学習が期待される。

図表14 何を学ぶかで成長速度が変わる

学習力	何を学ぶか：行動	何を学ぶか：考え方	成長速度
低い人	×	×	遅い
↕	○	×	↕
高い人	○	○	速い

確かに、テキストを読むだけでなく、問題を解く練習をしているから本番で問題が解けるのです。ということは、人の行動から学ぶときも、いきなり本人から行動の理由を聞く（インプット）のではなく、まず自分で考えてみて（アウトプット）、それから答え合わせをするという流れが重要なのです。

チームを学習する組織へ

私は学生時代から付き合いのある友人たちと、「天馬杯」と称して年2回、3日間の麻雀合宿を行っています。メンバーが5人いるので、非番のときには昔から群を抜いた強さを誇るF君の後ろで観戦させてもらいます。1局終わるごとに彼の打った手に対して、なぜそうしたのか

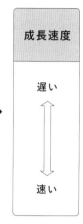

という私の推測を伝えて本人の解説と突き合わせるのですが、毎回多くの気づきを得ることができます。これも1つの「判断のトレース」です。
もっとも、「アンタ、そこまでわかっているのに、どうして強くならないのかねえ」と言われ続けてウン十年です。学んだことを実践で発揮できない私の勝負弱さです。

部下に対して、「なぜ私はこう判断したのだと思う？」とその理由を考えてもらった上で答え合わせをすること、上司に対しては、「なぜ、部長はあのような判断をしたのだろうか？」とまず自分で考えてから、「ちょっといいですか」と答え合わせをすること。このような「判断のトレース」を通して、チーム内に行動の裏にある考え方を学習しようとする文化ができてきます。学習する組織へのチームの成長です。

ちなみに、先ほどのF君ですが、留年スレスレで卒業したにもかかわらず、某企業の役員を立派に務めてきました。学生時代の成績など仕事の出来不出来には何の関係もない、というのが私たち仲間の最大の学びです。

補足

「勉強になっただろ！」で済ませない

部下に考え方を学習してもらうためには、「判断のトレース」以外にも、部下に対してその場に応じた問いかけをすることが効果的です。

たとえば、部下が何らかの貴重な経験をしたとき、私たちはよく「勉強になっただろ！」と声をかけます。しかし、それだけでは不十分です。「はい、勉強になりました」としか返ってこないからです。そこで、「何が勉強になったの？」と、学習内容を確認するためのひと言が必要です。

もし、部下の回答が「交渉では押すだけではなく引くことも大事だと学びました」だとしたら、まだ十分に学習しているとは言えません。単に上司の表面的な行動を語っているに過ぎないからです。「なぜ、あの場面ではいったん引いたのか」という判断の裏にある考え方まで理解するのが本当の学習です。それを理解して初めて、応用力を伴った成長と言えるのです。

RULE 27

部下の「頑張ります」には「どう頑張るか」を問う

「頑張ってくれ」では部下の思考は停止する

部下「頑張ります！」
上司「おお、頑張ってくれ！」

で、もしその後うまくいかないと、

上司「おい、頑張るって言ったじゃないか」
部下「いや、頑張っているんですけどね」
上司「どうするんだ」
部下「もっと頑張ります」

笑い話のようですが、実際にこのような会話が交わされている職場は少なくありません。私たちはこの「頑張る」という言葉が大好きです。部下が上司に「頑張ります」とやる気を伝えること自体は悪いことではありませんが、問題は、それを聞いた上司が「頑張ってくれ」で終わらせてしまうことです。なぜならば、そこで部下の思考が止まってしまうからです。

仕事に必要なのは、常に工夫しながら少しでも良い結果を出すことです。特に、難易度の高い問題に取り組むときには、異なる視点からの発想や挑戦的な試みなども必要になってきます。にもかかわらず、「頑張ってくれ」で会話を終わらせてしまうと、それらのことが後回しになってしまいます。「頑張る」には、前向きで心地よい語感があるだけに、その場しのぎの免罪符になってしまうのです。

部下に「頑張ります」と言われた上司が返すべき言葉は、「では、どう頑張るの？」です。

気合いではなく具体的なやり方を問う

私が米国系企業に勤めていたとき、上司の米国人社長M氏は、「頑張ります」では決して逃がしてくれませんでした。必ず「How?(どう頑張るのか？)」と具体的なアプローチを求めてきました。これは、「ルール25」で述べた土屋さんの「いますべきことは何か？」という問いかけと同じ効果をもたらします。

あるとき、深く考えずに仕事をしていたため、上っ面の答えしか返せなかったことがありました。しかし、M氏はその点を問いただすのではなく、ていねいな会話を続けてくれました。すると、彼と話をしているうちに曖昧だった考えが整理できたり、リスクに対する具体的な対処法が頭に浮かんでくるのです。すなわち、M氏の力を借りて、考えを具体化することができていたのです。

これは、「ルール5」で述べた「オートクライン」です。上司のM氏が、「どう頑張るのか？」とあえて問いかけたのは、「オートクライン」の機能を使って、問題へのアプローチを私自身に具体的に整理させたかったからです。これすなわち、部下に対するコーチングです。

米グーグル社が社員を対象に分析した優秀なマネジャーの行動特性として、最初に挙げているのが「優れたコーチであること」です。多くの外資系企業の経営者は外部のコーチによるコーチングを受けており、部下に対しても考えを引き出すような会話をする人が少なくありません。やはりコーチングを受けていたM氏も、同様の会話を部下としていたのです。

質問が「詰問」になっていないか？

「どう頑張るの？」で部下と具体的なやり方を話し合う際には、3つの注意点があります。

1つ目は、部下が安心して話せるような空気づくりです。オートクラインは、あくまでも、質問に答えている自分の言葉に自分の脳が反応するものです。したがって、脳にインプットされる自分の言葉は、上司の反応を気にした形式的なものではなく本音でなければなりません。

そして、部下への質問は詰問であってはなりません。「だから、何が言いたいんだ」「その先をなぜ考えないんだ」などと頭ごなしにやってしまうと、安心して本音など話せません。あくまでも冷静に、考えを深めてもらうために問いかけるのです。

2つ目は、部下に必ず具体的な行動を言葉にしてもらうことです。話し合った末に結論が出ないまま「とにかく頑張ります」で終わったのでは、その後の行動が何も確約されていません。「〜を意識します」「〜を配慮します」などの抽象的な言葉も、行動を確約しているわけではないので、「意識した上で何をするのか」というところまで落とし込むことが必要です。

3つ目は、必ずサポートを約束することです。人は押しつけられたことには抵抗しますが、自分で考えたことにはコミットします。部下が自分で考えた方法でやってみようとコミットするのであれば、上司もそれでうまくいくようなサポートをコミットする必要があります。

自分がどうサポートできるかも考えやすくなる

「どう頑張るの?」は、年度の業務目標を上司と合意するときにも問われます。外資系企業にはMBO(Management by Objectives)と呼ばれる業務目標管理シートがあります。上司と合意したその年の業務目標を文書化したもので、それがボーナス評価の基準となります。ジョブ型雇用で話題となっているジョブ・ディスクリプション（職務記述書）は業務の責任範囲と必要な能力を述べているに過ぎず、年ごとの評価の基準として本当に重要なのはMBOです。

MBOで上司と合意した業務目標へ向けて、やり方は任せてくれますが、部下はそれを説明する責任があります。上司も、部下の成果の総和が自分の成果として評価されるため、具体的なやり方を話し合いながら自分はどうサポートすべきかを考えるのです。

上司と部下で、せっかく「頑張ります」「頑張ってくれ」というエールの交換ができたのであれば、「どう頑張るの？」で具体的なアプローチを共有し、自分がどうサポートできるかまで話し合うことで、部下の成功確率は格段に高まります。

RULE 28

「イエスの文化」で主体性を引き出す

上司の否定的な反応は部下の行動を弱化させる

部下が、主体的に自分で考えて行動する自律型人材へと成長していくためには、自分で考えて、それを口にする機会をたくさん設けることが大切です。外資系企業でマネジメント経験の長いSさんがチームで徹底している「Ｙｅｓ／Ｎｏルール」もその1つです。

「Ｙｅｓ／Ｎｏルール」とは、部下が上司に指示を仰ぎに来るときには、必ず「ＹｅｓかＮｏで回答できるように聞くこと」というものです。「この件はどうしたらよいでしょうか？」はＹｅｓ／Ｎｏで回答できないためダメです。「この件は、こうしたいと思いますがよろしいでしょうか？」。これは、Ｙｅｓ／Ｎｏで回答できるのでＯＫです。Ｓさんはこのような方法で、まず自分で考えて、それを口にすることを促しているのです。

Ｓさんが「Ｙｅｓ／Ｎｏルール」で気をつけているのは、よほどのことがなければ「イエス、それでやってみよう」と部下の考えを受け入れることです。

「イエスの文化」による行動強化

米グーグルの元ＣＥＯエリック・シュミット氏らは、組織に必要な「イエスの文化」について、元コネチカット大学学長のマイケル・ホーガン氏の言葉を引用しながら、著者の中で次のように述べています。

図表15「イエスの文化」による行動強化

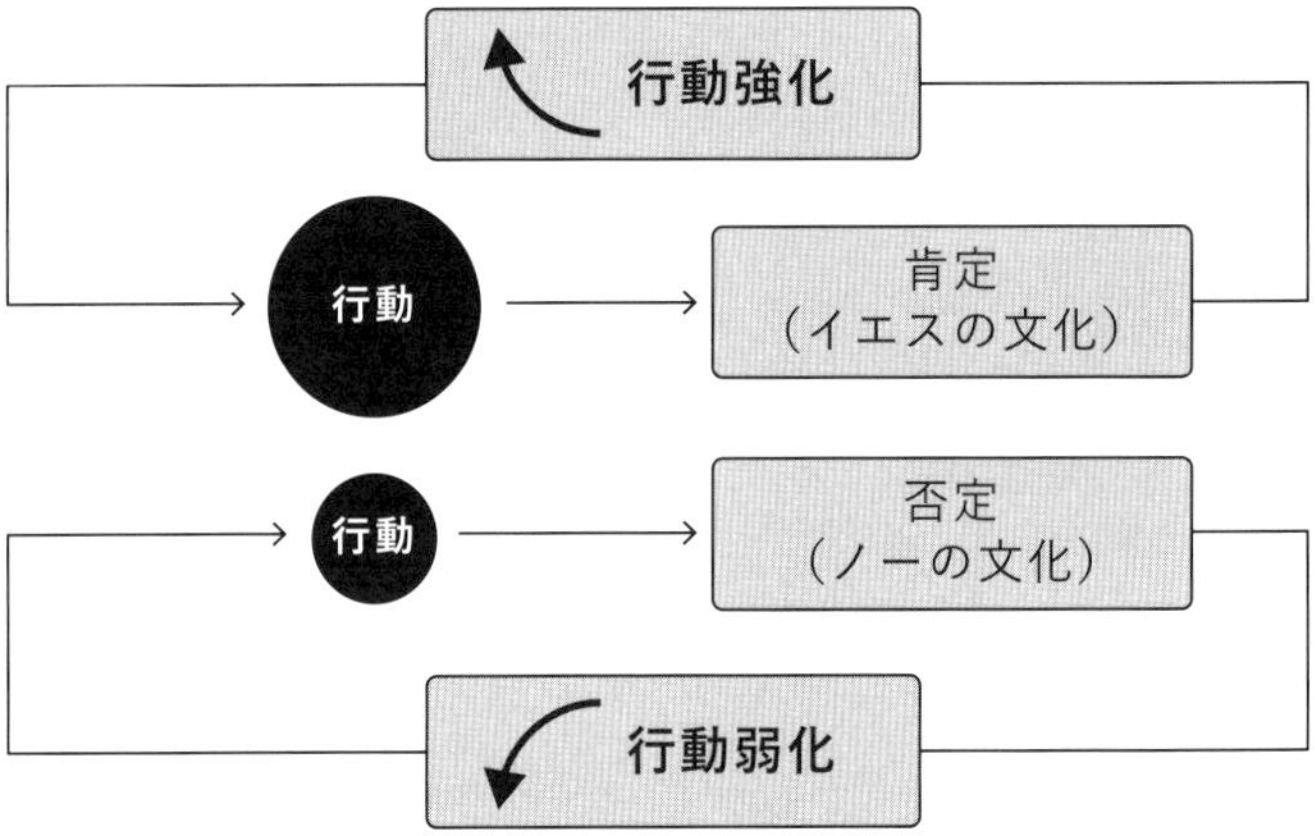

「『イエス』と言おう。なるべく頻繁に、イエスと言うのだ。イエスと言えば、物事が動き出す。イエスと言えば、成長が始まる。イエスは新たな経験につながり、新たな経験は知識と知恵につながる」（『How Google Works ―― 私たちの働き方とマネジメント』日本経済新聞出版社）

部下の行動は上司の反応に大きく影響されます。自分の言動を肯定的に受け止めてくれる上司であれば、部下は認められた喜びとともに自信が増し、ますます自分で考えて行動しようとします。これが、「イエスの文化による行動強化」です。

これとは反対に、否定的な反応が多かったり、細かいことまで追求されたりすると、部下は「結局、自分の考えを押しつけるのだ」「自分には能力がないのだ」と感じて、行動を抑制してしまいます。これが、「ノーの文化による行動弱化」です（図表15参照）。

もちろん、部下の考えがあまりにも的外れの場合は修正してもらう必要があります。ただ、そのときでも、「こんなのじゃダメだ」と頭から否定してしまうと、部下は二度と嫌な思いをしたくないため何も言わなくなってしまいます。

上司の判断が必要な場面でも、自分の考えを言って否定されるぐらいなら黙ってやってしまおうと考える人も出てきます。「なぜ、勝手にやったんだ！」と上司は叱責したくもなりますが、その前に、言えない雰囲気を醸し出している自分のことを反省すべきです。

部下の考えを尊重して良い点を肯定しつつ、さらに良くなるための改善を求めることで、部下も再挑戦しようという気持ちになります。

「イエスの文化」のもとで、上司と部下の間に「Ｙｅｓ／Ｎｏルール」が定着してくると、部下同士の会話にも、それが広がっていきます。そして、新入社員さえもが、それを当たり前だと思って自分で考えるようになるのです。

RULE 29

弱点には目をつぶって強みを伸ばす

相互補完のチームワークで1＋1を3にする

市場で高く評価される人材の特徴は、絶対的な強みを持っていることです。チームの総合力という観点からも、複雑で難易度の高い問題に対しては、平均的な能力のメンバーから成るチームよりも、多少バランスは悪くても、どこかが突出したメンバーから成るチームの方が良い結果を出します。

部下育成においては、徹底的に強みを伸ばす機会を与えることが大切です。裏を返せば、苦手なことはやらなくていいと腹をくくることでもあります。

お互いの強みを生かすためのチームワークとは？

ただし、苦手を放置したままでは、それが当人のパフォーマンスの足かせとなります。そこで、自分が苦手なことは、そこが得意な人にカバーしてもらう。反対に、人が苦手なことを自分の得意でカバーする——このようなチームワークを築いていくことも管理職としてのマネジメントです。前出の外資系資産運用会社の日本法人CEO・土屋さんが、次のように語ってくれました。

「メンバーの中に、新規顧客を開拓するのが得意なXさんがいる。しかし、Xさんは、最終的に注文を決めるクロージングへの詰めが甘く、いいところまでいっても契約に至らないことがある。しかし、Xさんに、詰めの甘さを何とかしろとは言わずに、詰めが得意なYさんに協力してもらうことでクロージングに持っていけるようにしている。

一方、Yさんは関係ができてきた顧客へのクロージングは得意だが、新規顧客に切り込んでいくのは苦手だ。そこは、逆にXさんがサポートすることでYさんの成果を高めていく。こうすれば、XさんもYさんも、単独ではとれなかった案件がとれるようになる」

土屋さんは、お互いが相手の弱みをカバーし合いながら、それぞれの強みで勝負させようとしているのです。

これこそがチームワークです。チームワークとは大縄跳びのように全員が歩調を合わせることだと思われがちですが、それは違います。チームワークとは、1人ひとりが、その人にしかできない役割を果たしながらお互いの弱点をカバーし合うことで、1＋1を3にする機能のことです。

もし、XさんとYさんが完全に独立して仕事をしたとしたら、自分の苦手な部分が足を引っ張って、2人とも結果を出せない可能性が高いでしょう。さらに、せっかくの高い能力が個人の中で閉じてしまいます。これでは、チームワークが発揮されているとは言えません。

「やり損」にしないためには

「他のメンバーに協力しても、その人の成果にしかならないので、やり損ではないか？」――このような疑問を持つ人がいるかもしれません。

この点に関して、土屋さんは次のように言っています。

「Yさんが X さんの顧客のクロージングに協力したことは、『ポイント制』という仕組みによってYさんの業績に反映する。つまり、Xさんの新規顧客獲得という成果の一部を、貢献度合いに応じてYさんの評価ポイントに付け替えるということ。逆の場合も同じだ」

こうすれば、チームワークで仕事をした方が自分の評価を高めることになるため、それが、メンバー同士で協力し合うことへの合理的な動機づけとなります。「やったことは報われる」というのが外資系のルールです。

目に見える成果を出した本人だけが評価されて、陰で支援した人たちが評価されないのでは公正な評価とは言えません。そのようなことが起きないよう、各メンバーのチームへの貢献度合いをしっかりと把握して、公正に評価に反映させるのが管理職の責任です。

どれだけ優秀な人にも苦手なことは必ずありますが、そこで勝負させることほど非効率なことはありません。チームワークを機能させながらそれぞれの得意をより一層伸ばしていくことが、人材育成の点からも、チームの成果の最大化の点からも求められるマネジメントです。

補足　自分が得意な分野を部下指導の中心に据えていないか？

部下育成において上司がしてはならないことの1つが、自分が得意なことを部下指導の中心に据えることです。特に、部下が苦手としていることが自分の得意であったりした場合、ここぞとばかりに指導しようとしてしまいます。自分にできることをしてあげようという親心であれ、存在感を示そうとするマウンティングであれ、このような「上司本位の部下育成」では部下の強みを伸ばすことになりません。

部下育成は、あくまでも、それぞれの部下の強みを強化する「部下本位の育成」でなければならないのです。一見、苦手の克服が本人の成長につながるように見えますが、専門性による人材価値の再評価が行われようとしている時代に求められているのは、苦手なことが少ない人材ではなく、特定分野で圧倒的な強みを持っている人材です。

自分を基準にして部下を指導しようとするのは、野手出身の野球監督が投手に熱心にバッティングフォームを指導するようなもので、必ずしも本人の人材価値の向上にはつながりません。

なお、苦手を放置するのは本人にとって本当によいのかという点についても、土屋さんはこのように言っています。「そこが得意な人が協力してくれる姿を間近で見ることで、勘どころがわかってきて自分でやってみようとする。その結果、自然とできるようになっていくのです」。

お互いがカバーし合うチームワークには、そのような効果もあるのです。

RULE 30

「優秀な部下には自由にやらせる」と考えて放置しない

超一流をぶつけて
成長意欲に火をつける

ジョブ型雇用の拡大とともに専門性の高い人材が増えてくる中で、分野によっては自分よりも専門的な知識や経験が優れている部下も出てきます。そのようなとき、「優秀な部下には自由にやらせることが人材活用の鉄則だ」と考えがちです。しかし、それは誤りです。優秀な人材には、より優秀な人材へと成長するためのサポートが必要なのです。

大手メーカーの若手エンジニア・Mさんと話をしたときのことです。大学の博士課程のときから研究を続けている最先端の技術を生かした仕事をしており、会社も信頼して任せてくれているとのこと。そこで、将来どのようになりたいのかを質問すると、Mさんの答えは、「いまのままでも結構満足しています。この分野では僕の技術力は社内トップレベルだと自負していますし、上司も自由にやっていいと言ってくれていますので」でした。

実は、こういうときは要注意です。与えられた環境や会社の評価に満足するのはよいのですが、自分自身に対して「このままで満足」と思ってしまうと成長が鈍化するからです。意地の悪い質問であることをわかった上で、こう聞いてみました。「じゃ、Mさんは若いのに、この分野では世界一なんだ」。虚を突かれたような表情を浮かべたMさん、「いや、そういうわけでは……」。世界一は誰かと尋ねると、米国の大学教授の名前を挙げました。頭の回転の速いMさんは、その時点で気づいたようです。「そうか、世界一……ですよね」。

優秀な社員は、より優秀に

優秀な社員には、得意分野の専門性を圧倒的な水準に磨きあげるためのサポートが必要です。そのために上司がすべきことは、①より難易度の高い仕事を与えることと、②超一流の人材との交流機会をつくることです。

私が証券会社で金融工学分野の仕事をしていたときのことです。数学や統計学を駆使して証券市場を分析したり新商品を開発する仕事で、部員のほとんどが理科系の人材、それも大学で数学や物理学を専攻したつわものぞろいでした。

あるとき、米国のベンチャー企業と資産運用モデルを共同開発するプロジェクトが発足することになりました。相手企業の代表は、のちにノーベル経済学賞を受賞することになるスタンフォード大学名誉教授のウィリアム・F・シャープ博士です。

日本側から何人かの社員を現地に派遣して、シャープ博士と直接議論しながらプロジェクトを進めることになったのですが、私は入社したばかりの溝口さん（仮名）を派遣メンバーとして推薦しました。新人ながら、数学、コンピュータ技術ともに、私をはるかに凌駕する能力を有していたからです。当時の彼にとっては挑戦的で難易度の高い仕事でしたが、大きく成長するチャンスだと確信したのです。

結果的に、溝口さんは派遣チームの一員として力を発揮して、期待以上の成果を出しました。それが会社の収益に大きく貢献することにもなりました。「あのときの経験が忘れられません」との彼の言葉に表れているように、超一流の専門家に触れながら自分の専門性を大きく伸ばしたのです。苦手だった英会話までモノにしてグローバル人材として成長するというおまけまでついてきました。

超一流の人材との交流機会をつくる

溝口さんの場合は、より難易度の高い仕事を超一流の人材と行うという2つのことを同時に経験することができたのですが、特に上司が忘れがちなのは超一流の人材との交流機会をつくることです。自分自身がそのような存在になればいいのですが、その点にこだわらずに、社内、社外に目を向けて、超一流の人を紹介することを心がけます。同じ分野の人からはもちろんのこと、たとえ分野が違っても、仕事に対する考え方、取り組み姿勢や専門性の高め方など、超一流の人から学ぶことはたくさんあります。

私も、何人かの上司からは、社内外の優秀な人をずいぶん紹介してもらいました。「ちょっと、うちの部下と会ってくれない？」と、お互いにそれぞれの部下との接点をつくり合っていたとの話をあとで聞きました。彼らは、信頼できる人に信頼できる人を紹介できる関係性を築いていたのでしょう。そういう点も含めて、多くのことを学ぶ機会となりました。

前述のMさんの上司も、自分の人脈を通して、あるいは人の紹介を通して超一流の人をMさんに紹介したり、学会など他社の優秀な人材が集まる場にMさんを派遣したり、Mさんが名前を挙げた米国の大学教授との接点をつくったり、できることはたくさんあると思います。

仕事ができる優秀な人ほど、1つ間違えると慢心して成長のスピードが鈍化してしまいます。超一流の人の姿を見ることで挑戦心や成長意欲が刺激され、新たな気持ちで仕事に取り組もうとするのです。

ちなみに、溝口さんが参画したプロジェクトには私もメンバーとして参加していました。ただし、私の役割は、プロジェクトの成果を日本の市場にどう適用させるかといったビジネス・マーケティングでした。開発した資産運用モデルや投資商品に関して、社内外へのスポークスマンとしての役割を担い、新聞や雑誌などのメディアへの対応はもちろんのこと、外部講演会の講師や、シャープ博士による日本講演の前座まで務めさせていただきました。数学やコンピュータ技術では勝てなくても、自分が強みとしている分野で勝負することで、会社に貢献できたと思っています。

上司としては、「優秀な人材にそこまで手厚くサポートしてしまったら、どんどん成長して転職リスクが大きくなってしまうのでは？」と不安になるかもしれません。しかし、そのような考えは捨てるべきです。

「いつでも転職できる市場価値の高い人が、それでもこのチームで働きたいと思っている」――このようなメンバーで構成されるチームが最強のチームだからです。そのチームにふさわしい上司であるよう自分を磨いていくことで、自分自身の人材価値も高まっていきます。

補足　頂点人材がチーム全体に良い影響を与える

頂点人材のレベルをより高めることは、チームにとっても良い効果を生みます。アーティスティックスイミングで、日本チームに何度もメダルをもたらしてきた井村雅代元日本代表ヘッドコーチの指導方針は「頂点アップ」です。あるテレビ番組の対談で、彼女はこのようなことを語っていました。

コーチの仕事は、最も力のあるトップ選手のレベルをさらに引き上げることである。そこには見本がないので、コーチの力が必要になる。残りの選手は、見本となるハイ・パフォーマー選手（能力の上位選手）に食いついていけば、自然と成長していく。それはコーチの仕事ではなく選手自身の仕事である。平均的な選手に合わせてチームづくりをしたのでは、とても世界では戦えない。

私たちのチームづくりでも、頂点人材を育成するのはその組織の長しかいません。しかし、その下の2番手クラスの人材の育成には、井村コーチが言うように、先頭を行くハイ・パフォーマー選手、つまり頂点人材の力を借りることができます。

次々と成果を出していくカッコいいハイ・パフォーマー社員は、「あの人のようになりたい」というメンバーの気持ちを刺激しますし、実績を出している人の話にはメンバーは耳を傾けます。人数が少ないチームであれば、自分がすべてのメンバーの育成に関わることができますが、そうでない場合は、ハイ・パフォーマー社員の力を借りながらチームづくりをすることが、効率的なマネジメントです。

COLUMN

ボーナス時期のCEOとの攻防戦

私が勤めていた米国企業では、個別社員へのボーナスの支給額はその部門の担当役員に一任されていました。年度末決算で会社全体の利益が確定したあと、私が担当する部門のボーナスの「総額」だけが私宛てに通達され（本人分は除いて）、あとは私の一存で部下たちへ分配額を決めていくのです。

年初に部下との間で合意したMBO（業務目標管理シート）と照らし合わせながら、数日の間、エクセルと格闘することになります。ボーナスは完全に実績が反映されるため、前年度の倍になる人もいれば半分になる人も、場合によってはほとんどゼロの人も出てきます。

ただ、懸命に仕事をしている部下たちの姿を間近に見ているだけに、少しでも多くと思いながら数字を当てはめていくと、いつも合計額が通達額を超えてしまいます。誰かを減額しなければならないのですが、それはなんとも忍びない！

そこで、上司である日本法人のCEOに直談判です。というのも、彼が隠し持っている調整用ポケットの存在を知っていたからです。納得できるような理由を添えて「もう一声！」とお願いするわけです。

この攻防戦に向けて、私が気をつけていたことがあります。実績を大きく伸ばしている部下のことを、普段から繰り返しアピールすることです。「○○さんは今期はスゴい！」と、ことあるごとに上司のアタマに刷り込むのです。

そうすると、「何とぞ○○さんへの配分をもう一声！」とお願いしたときに、「あー、○○さんね。しょうがないなあ」とOKが出やすくなります。結果的に、在職中に私がお願いした「もう一声！」に関しては、すべてOKをもらったように記憶しています。

優秀な社員が正当に評価されるように、普段から上司や人事にアピールすることは管理職としての重要な仕事です。これは社内文書のどこにも書かれていませんが、私はそのような上司でありたいと思い続けてきました。私の上司が私たち部下に対して、そうしてくれていたのですから。

第6章

最強チームを構築するルール

本書でここまで述べたことをすべて踏まえて最後に紹介するのがチームづくりです。ポイントをひと言で言うと、「チーム内のリーダーシップの総量の最大化」です。

リーダーシップとは、「自ら声を上げ、それに対して周りが喜んで動くような『影響力』のことです。リーダーシップは管理職などの責任ある立場の人が発揮するものだと思われがちですが、それは大きな間違いです。リーダーシップは立場や仕事の内容にかかわらず、すべての人が発揮できるものです。

たとえば、目的が不明確なまま始まった会議において、参加者のAさんが、「最初に会議の目的をはっきりとしておきませんか」と発言して、「確かにそうだな」と議長や参加者の支持を得たとすれば、それはAさんのリーダーシップです。

環境変化によって当初の目論見が違ってきたプロジェクトに対して、メンバーのBさんが「進め方を見直すべきではないか」と声を上げ、プロジェクト・リーダーの気持ちを動かしたとしたら、それもBさんのリーダーシップです。

このように、リーダーシップは誰でも発揮できるものであるにもかかわらず、管理職が発揮するものだと思われてしまうのは、リーダーシップが権限行使と混同されているからです。

権限行使とは管理職という「立場」に与えられた権限で、部下の意向に関係なく一方的に命じることができるものです。

組織がどの方向へ向かうのかといった上位レベルの決断に関しては、多様な意見をすべて反映することなどできないため、管理職の権限行使が必要です。会議を打ち切って結論を出すといった会議のオーナーのオーナーシップがその典型的な例です（ルール7）。

一方で、本書で何度も述べてきたように、技術の進化をはじめとした加速度的な環境変化の時代では、共通認識とした方向性を踏まえた上で、メンバー1人ひとりが自律的に行動する現場力が問われます。第4章で述べた権限委譲や第5章で述べた自律型人材の育成はそのためのものです。

さらに、それを踏まえた上で、各メンバーが単独で動くのではなく、お互いに影響し合ったり、周りを巻き込んで連携しながら仕事をすることで、より一層、チームの成果は高まります。そこに必要なのが、1人ひとりのリーダーシップです。

図表16 チーム内のリーダーシップの有無

	リーダーシップがあるチーム	リーダーシップがないチーム
リーダーシップ	全メンバーが発揮	上司のみが発揮
メンバーの姿勢	自発的	依存的
仕事のアイデア	出やすい	限定的
チームの文化	挑戦的	保守的
チームへの参画意識	高い	限定的
生産性	高い	限界あり

リーダーシップの総量がチームの力を決める

マッキンゼーで採用マネジャーとして、グローバルな視点で採用・人材開発に関わってきた伊賀泰代氏も、やはり誰もがリーダーシップを発揮すべきだとした上で、著書においてこのように述べています。「リーダーシップに関して明確にしておきたいのは、日本に不足しているのは『リーダーシップ・キャパシティ』だということです。これは『日本全体でのリーダーシップの総量』を意味します。(中略) 国も大企業も変革するために必要なのは、1人の卓越したカリスマリーダーではなく、リーダーシップをとる人の総量が一定レベルを超えることなのです」(『採用基準――地頭より論理的思考力より大切なもの』ダイヤモンド社)。

伊賀氏が指摘しているように、日本企業ではメンバーが十分なリーダーシップを発揮しているとは言えません。Aさんが声を上げたような会議では、ほとんどの人は「それは自分の役割ではない」「議長の前でそんなことは言えない」と沈黙してしまいます。Bさんのような場面でも、やはり「余計なことを言って叩かれたくはない」と、正面切って提案する人は少数派です。「事なかれ」が優先するのです。

本章では、このような問題を解決し、メンバーが自らリーダーシップを発揮するリーダーシップ・キャパシティの高いチームをつくるための方法を紹介します。

RULE 31

チームの存在意義を自分の言葉で語る

業務目標だけでは燃え尽きてしまう

人がリーダーシップを発揮したいと思う理由は何でしょうか？　簡単に言えば、それが自分やチームの問題解決につながったり、あるいは仕事の成果を高めたりするからです。ということは、リーダーシップが発揮される前提として、仕事そのものに十分な動機づけがなされていることが必要です。いわゆる、仕事へのモチベーションです。

外発的動機づけと内発的動機づけ

モチベーションの要因には、昇給や昇進といった外から与えられるものによる「外発的動機づけ」と、仕事に誇りややりがいを感じるなど、自分の心の中から湧き起こる「内発的動機づけ」とがあります。

外発的動機づけは強力ではありますが、外から与えられるという性格上、不安定です。自分の評価と会社の評価にギャップを感じることもあれば、個人としてどんなに成果を出したとしても、会社全体の業績が悪ければボーナスが減額されることもあります。

そこで、チーム・マネジメントにおいては外発的動機づけのみに頼るのではなく、内発的動機づけにも目を向けることが必要です。部下に対してできる内発的動機づけの1つは、自分たちがやっている仕事の本質的な意味をあらためて問い直し、それをチームの「存在意義」

として想いを込めて部下に伝えることです。

「あなたのチームは何をしているのですか？」

あるエンターテインメント系企業で、課長クラスの管理職の皆さんに次の質問を投げかけたことがあります。

「あなたのチームは何をしているのですか？」

会社の業務分掌に書かれているような無味乾燥な組織の役割ではなく、自分のチームが行っている仕事の本質的な意味を考えてもらったのです。考えやすいように、このような視点も提示しました。

- 何のために私たちのチームは存在しているのか？
- 私たちのチームが果たしている役割は何か？
- 私たちは最終的に誰の役に立つ仕事をしているのか？

- 私たちの仕事の延長線上には誰の笑顔があるのか？
- 私たちの仕事の結果、何が起きるのか？
- 私たちの仕事は社会に対してどのように貢献しているのか？

音楽CDを制作しているチームの方は、「私たちは世界中の人々に夢と喜びを届けている」と回答されました。その回答こそがチームが行っている仕事の「意味」です。クライアントやアーティストからのプレッシャーも多く、時間も不規則になりがちな職場だそうですが、それでも、世界中の人々の笑顔を思い浮かべながら力を合わせて仕事をしているのでしょう。

また、ある方の回答は、「私たちは、感動を生み出すために世界一の音響を創り出している」でした。正社員や契約社員、フリーランスにアルバイトなど、様々な立場の人たちが混在している職場ではあるが、そこには「世界一の音響」にかける情熱があるのでしょう。

他にもワクワクするような答えがたくさん返ってきて、「我々は、価値のある仕事をしているチームの一員だ」というプロフェッショナルとしての誇りを強く感じました。

人は、何のためにその仕事をしているのかという仕事の意味やチームの存在意義、さらに自分がその役割を担っている一員であることを理解するとモチベーションが高まります。自分の仕事を、単に「CDを制作している」という作業としてとらえるのか、「世界中の人々に夢と喜びを届けている」という意味としてとらえるのかで、同じことをやっていても気持ちに大きな違いが生まれてくるからです。これが内発的動機づけです。

NASAの清掃作業員が大統領に言ったこと

仕事の意味を理解することは目的意識を持つことでもあります。メタ(旧フェイスブック)の共同創設者のマーク・ザッカーバーグ氏は、ハーバード大学でのスピーチ（2017年5月）で、ケネディ元大統領のエピソードを引用して目的意識の重要性を語っています。

「かつて、ケネディ大統領がNASA（アメリカ航空宇宙局）を訪問した際、ホウキを担いだ清掃作業員に『あなたは何をしているのですか？』と聞いたところ、その作業員は『大統領、私は人間を月に送るお手伝いをしているのです』と答えたそうです。目的意識とは、私たちが自分たちの存在よりも大きな何かに参加して、そこで自分が必要とされていること、未来へ向けての何かに役に立っているということ、そういう感覚です」

やっている仕事を「掃除をする」という作業だと思うのか、「人間を月に送る手伝いをしている」という意味としてとらえるのか、どちらがモチベーション高く良い仕事ができるのかは容易に想像がつきます。この話は、仕事の意味を自分なりに定義することの重要性を教えてくれています。

もし、「うちの課の仕事は大して意味がないから」と思っている方がいたとしたら、それは間違いです。NASAの作業員の言葉からわかるように、世の中に意味のない仕事などありません。意味がないと思い込んでいる自分がいるだけなのです。

上司が部下に伝えるべきことは業務目標だけではありません。仕事の「意味」やチームの「存在意義」です。

「あなたのチームは何をしているのですか？」

この問いへの答えを自分の言葉で部下にしっかりと語りましょう。外発的動機づけのみに頼る場合と比べて部下のモチベーションが維持・向上し、主体的な行動を起こしたりリーダーシップを発揮したりしやすくなります。

RULE 32

「問いの共有」でリーダーシップのきっかけをつくる

すべてのリーダーシップが自発的に発揮されるわけではない

私が勤めていた米国系企業に、ある分野の生き字引と言われるベテラン社員の沖田さん（仮名）がいました。数年後に定年退職を控えた彼は、自分の知識とノウハウを後輩たちに伝えたいとの思いで定期的な勉強会を企画しました。任意での参加を呼びかけたところ、後輩社員全員が熱心に参加するものとなりました。これは、沖田さんのリーダーシップです。自分が声を上げ、それに対して周りが喜んで動くような影響力を発揮したのです。

リーダーシップの出発点は問題意識です。沖田さんの場合は、自分発で「ノウハウと知識の継承」という問題意識を持ち、それに対して声を上げて実践しようとしました。誰かに言われたのではない、100％自発的なリーダーシップです。

問題意識のない人の方が多数という現実

しかし、実際の職場をイメージしてみると、誰もが沖田さんのような問題意識を持っているわけではありません。むしろ、目の前の仕事をこなすのが精一杯で、それ以上のことを考える余裕がないという人の方が多数ではないでしょうか。そこで、「さあ皆さん、リーダーシップを発揮しましょう」と叫んだところで、「ポカーン」という反応をされてしまいます。

まだ、メンバーのリーダーシップが限定的、すなわちリーダーシップ・キャパシティの小さなチームの場合、リーダーシップが発揮できるようなきっかけを上司が提供することが必要です。それが「問いの共有」です。

「問いの共有」とは、自分が何とかしたいと思っているチームの問題に関して、どうすればよいかを部下たちに問いかけることです。たとえば、チームで情報共有がまったくなされていないとき、「私たちは、この問題をどのように解決すればよいだろうか？」と、部下たちに問いかけて問題意識を共有するのです。

自由な発想でたくさん意見が出るような雰囲気が大切なので、堅苦しい会議ではなく、1on1ミーティングや日常の会話の中で気楽に部下の意見を聞きます。会話の中で、「○○することで、少しだけ解決に向かうのではないかと思います」などの建設的で実効性のある意見が出たときがチャンスです。「いいですね、あなたが音頭をとって進めてみませんか？」と促します。それがリーダーシップのきっかけとなるのです。

あとは、進め方を具体的に詰めた上で、本人に声を上げてもらい他のメンバーの協力を仰ぎます。上司も、その件をサポートすることを、全メンバーの前で明確に意思表示します。

人はやったことのないことに対してはイメージが湧きません。やや過保護なお膳立てではありますが、このようにして、リーダーシップを発揮するとはどういうことかを、実際に経験してもらうのは極めて重要なことです。

実際にどのような問いを共有するかは、職場の状況に応じて様々ですが、イメージを持っていただくために、いくつかの参考例を挙げます。

- 顧客満足度をあと10％上げるために、我々は何をすればよいのだろうか？
- 情報の共有化を徹底するために、我々は何をすればよいのだろうか？
- 社内で最も信頼できる課だと言われるために、我々は何をすればよいのだろうか？
- 世界一の顧客サービスとは何で、それに一歩でも近づくためにできることは何だろうか？
- 我々にとっての最大のリスクとは何で、それをどうコントロールすればよいのだろうか？

このような「問いの共有」とその後のやり取りを地道に繰り返していくと、やがて、リーダーシップを発揮し始めるメンバーが１人２人と増えていきます。リーダーシップ・キャパシティが大きくなっていくのです。

「問いの共有」の反対は「正解の共有」です。問題に対して自分が出した結論をメンバーに伝えて、その方向で動いてもらうものです。もちろん、「正解の共有」がふさわしい局面もたくさんあります。

ただ、管理職になりたてのころは、とかく自分の存在感を示そうとして、あれこれと目についたアラを指摘して改善したくなります。しかし、チームの課題や慣習の多くは、何らかの経緯や理由があってそうなっているのです。一方的に「それは問題だ」「これが正解だ」とやられたのでは、メンバーはこれまでの自分たちが否定されたような気になってしまいます。

そこで、自分の正解を突きつけるのでなく、「この問題をどうすべきだろうか？」と問いかけることで、部下たちと一緒に解決していきたいという意志を伝えるのです。それが、部下のリーダーシップをサポートすることにもなるのです。

補足　「問いの共有」で場を前向きにする

「問いの共有」はコーチングでよく使われるコミュニケーションスキルの1つで、他にも様々な使い方があります。メンバーに肯定的な感情を誘起させ、その後の活動を前向きに進める例を紹介します。

私が勤めていた米国系企業では、年1回、各国のコンサルティング部門のヘッドが集う2泊3日のグローバル会議がありました。ある年、会議の冒頭で議長のジェニファー(仮名)

から、各国のヘッドに向けてこのような問いかけがありました。

「我々は、なぜ一流だと言えるのだろうか？」

コンサルティング資産残高が示す実績、世界中の一流の顧客リスト、他社を圧倒する調査体制、顧客との強い信頼関係など、各国のヘッドから一斉に意見が出ます。普段、あまり意識していないことを1つひとつ言葉にすると、あらためてその価値を実感します。「こうしてみると、やっぱり我々ってすごいよね」と、全員が得心するのです。

もう、これだけで参加メンバーに一体感が生まれ、私も、「さあ、これから有意義な時間を過ごすぞ」という気持ちになりました。これも、「問いの共有」をうまく使った鮮やかなファシリテーションです。

私たちも、「私たちのチームの強みは何だろうか？」「私たちのチームが外部に誇れることは何だろうか？」など、肯定的な意見が出るような問いで前向きな場をつくることができます。結論を出してチーム活動の活力として共有するもよし、あえて1つに集約せずに、出てきたことを折に触れて話題にするもよしです。

RULE 33

チームの「行動原則」を明らかにする

上司がどう反応するかという不安を取り除く

部下がリーダーシップを発揮できない理由の1つは、それに対する上司の反応がわからないという不安です。そこで上司は、チームの「行動原則」を明らかにしておく必要があります。

「このように行動してほしい」という上司の思い

「行動原則」とは、「仕事において、このように行動してほしい」という上司の思いを言葉にしたものです。実際に私が上司や先輩から聞かされた行動原則の例を紹介します。

- 常に目的に照らし合わせて判断・行動せよ
- 顧客に一方的にリスクを負わせるような商売は絶対にするな
- 常に「水準・方向・勢い」の3つの視点で市場を見よ
- 社内からの依頼は相談なしに受けてよいが、断るときにはひと言相談しろ
- 評論ではなく自分の意見を言え

上司が明らかにしている行動原則と整合的な行動をとっている限り、少なくともその姿勢を問われることはありません。

証券会社時代の上司の部長・高田さん（仮名）は、日頃から「やるかやらないか迷ったときにはやる」という行動原則を私たちに伝えていました。本人がそれを率先して実践しているものですから、私たちも安心してやってみることができました。やって失敗したときには何も言われませんでしたが、やらずに好機を逸したときにはエライ怒られていました。

「理解する」から「行動する」へ

行動原則は会議で話しただけでは浸透しません。会社のホームページに掲載されている企業理念や行動指針も、社員から「そう言えば、何かありましたね」程度の認識しかされていない会社がたくさんあるのと同じです。これは、つくって満足し、社内に浸透させる努力を怠っている経営者の責任です。部下たちに行動原則を理解して実践してもらうためには、次の４つの働きかけが管理職には必要です。

①背景としての理由を伝える

なぜ自分がその行動原則を大切にしているのかという理由をしっかりと伝えます。「迷ったときにはやる」の高田さんもこのように言っていました。「我々は新しいことに取り組ん

図表17 **部下が行動原則を実践するために**

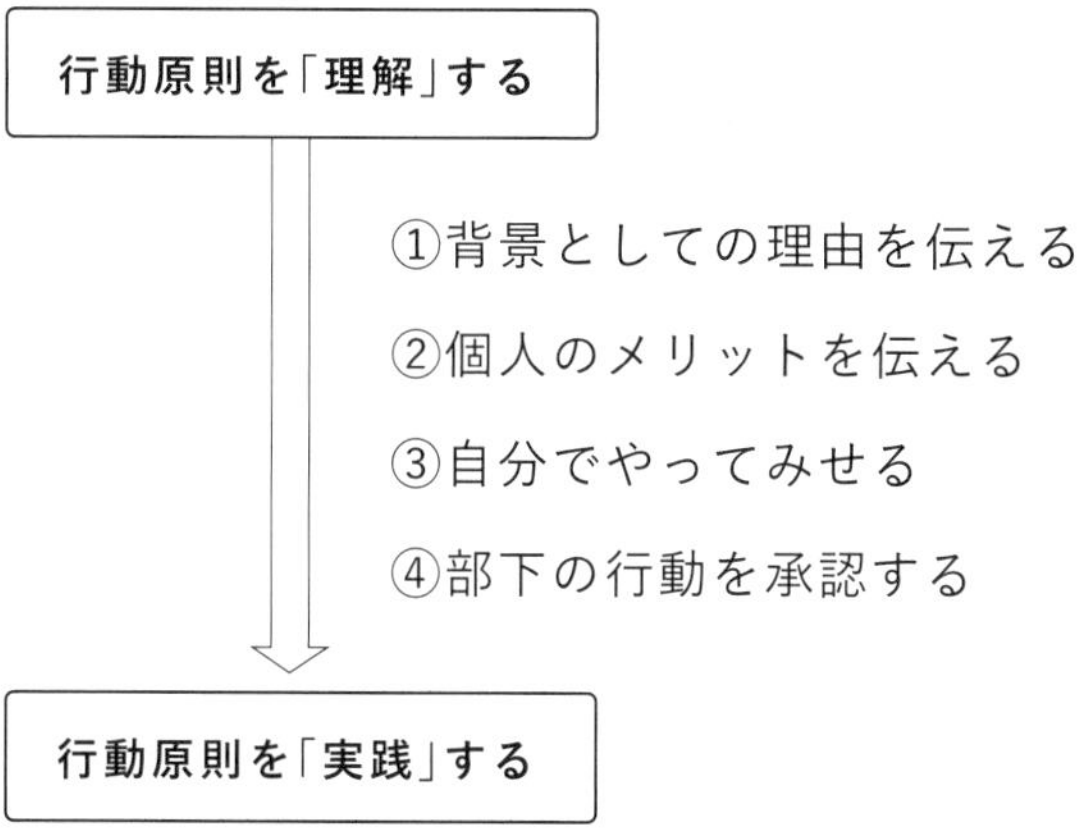
行動原則を「理解」する
①背景としての理由を伝える
②個人のメリットを伝える
③自分でやってみせる
④部下の行動を承認する
行動原則を「実践」する

でいる部であり、絶対にビジネスチャンスを逃すべきではない。もし失敗しても、すぐに別の方法でやり直せばチャンスは続く。しかし、やらなければ永遠にチャンスは来ない。だから、迷ったときにはやるんだ」。

部の仕事を踏まえた上で、成果を高めるためであることが明確に示されることで、納得感が増しました。失敗が責められることはないという安心感も得ることができました。

②個人のメリットを伝える

その行動原則で仕事をすることが、部下自身のメリットでもあることが理解できれば、進んで実践しようという気持ちになります。高田さんは、このようにも言っていました。

「理想は、確信を持ってやるかやらないかの判断ができることだし、ビジネスではやるべきではないときもある。しかし、その判断を正しく行うためには、仕事のカンを養うことが大切だ。『やらない』ことをいくら繰り返しても仕事のカンは磨かれない。やって失敗するから仕事のカンは磨かれる。この部で思う存分カンを磨いてくれ」

ビジネスパーソンとしての成長の機会を与えてもらったようで、とても嬉しく思いました。

③自分でやってみせる

とはいえ、話をしただけでは部下は忘れてしまいます。日常の業務において自分自身で何度もやってみせることです。高田さんも、「うーん、これは迷うな。でも、迷ったときにはやるんだ。よしやろう！」と、ことあるごとに、私たちに聞こえるように口にしていました。

そのような上司の姿を見て、私たちも、「迷ったときにはやろう！」とお互いに声をかけ合うようになっていきました。

「上司は部下を理解するのに3年かかるが、部下は上司を3日で見抜く」と言われるように、部下は上司の一挙手一投足を見ています。チームに行動原則を浸透させるためには、自分で言ったことを自分でやっている姿を、部下にわかるように見せることが大切です。

④部下の行動を承認する

上司の姿を見て部下が行動原則と整合的な行動をとったとき、即座にそれを承認します。「そうそう、そういうことだよ」「その行動を期待していたんだ」「いいねえ、ありがとう」など、どのような言葉でも構いません。大切なのは、自分が期待している行動をとってくれたことに対して、部下にわかるようにOKを出すことです。「ルール28」で述べたように、行動の結果に対して肯定的な反応が返ってくることで、その行動がさらに強化されていくからです。

自分がリーダーシップを発揮して仲間や上司を巻き込んだり連携したいと思ったとき、チームの行動原則と整合的にやっている限り、少なくとも上司から否定されることはありません。それどころか、その姿勢を承認されて、サポートを受けやすくなるでしょう。

RULE 34

「個人的には反対なのだが」と部下の前では言わない

「これで行こう！」と戦闘モードで鼓舞する

中間管理職である以上、ときには上司と意見が対立することもあります。最終的な上司の判断が自分の考えとは異なった場合、部下にはどのように伝えればよいのでしょうか。

ある商品の販売戦略で、価格を下げることで競争力を高めようとする部長と、価格は据え置き、他社商品との違いをアピールする差別化で売り出そうとするA課長の考えが対立しました。最終的な部長の結論はやはり価格競争です。A課長は、課員を集めて部長の方針を説明したのですが、最後にひと言「正直言うと個人的には反対なのだが……」。

これは、上司が絶対に言ってはいけない言葉です。こう言われた部下は、「ふざけんなよ、お前がやりたくないことを俺たちにやらせようとしてんのか！」と思うでしょう。モチベーションはダダ下がりで結果も期待できません。A課長は、自分の気持ちをわかっておいてほしいと思ったのでしょうが、とんでもない勘違いです。部下の目には、部長を説得できずに妥協した上、言い訳までしている情けない上司だと映ります。

結果を出すためのアクションに切り替える

一方、さすがにこの人はスゴイなと思ったのが、証券会社時代の上司で、エリート街道をばく進中だった柚木さん（仮名）です。彼はいつも業務方針を自信たっぷりに語っていたので、私たちも、「よーし、やろうぜ！」と気持ちを奮い立たせていたものです。

しかし、ある件について、実は柚木さんは別のやり方を主張していたのだが、最終的に部長の判断で却下されたとの話が漏れ聞こえてきました。いや、驚きました。そんなことはおくびにも出さずに、いつも通りに熱く方針を語っていたのですから。

強面ではあっても、部下の質問には誠実に答えてくれる柚木さんだったので、ストレートにそのことを聞いてみました。すると、「将来、あなたが管理職になったときのためによく聞いておくように」との前フリのあと、このような話をしてくれました。


自分が違う方針を提案したのは事実だが、最終的には部長の判断に従うと自分で決めた。であれば、その条件のもとで最大の結果を出すのが自分の責任である。そのためには、頭の中を戦闘モードに切り替えて、課員が納得できるように方針を伝え、鼓舞することだ。「個人的には反対なのだが」という自分を正当化するような言い訳などすべきではない。敵陣のど真ん中で生死を分かつような選択に迫られたとき、「個人的には反対なのだが」と言いながら小隊長の指示を部下に伝える上官に従う兵士はいない。

「役者になるということですか」と聞くと、「すでに、部長の方針のもとでどうやるかしか頭にはない。そのための進め方を君たちに語ったのだから、それは本音であり、別に演じているわけではない」とのこと。柚木さんの話から、チーム運営に責任を持つ管理職としてのあるべき姿勢を学びました。

仕事には制約がつきものです。しかし、制約の中で最善を尽くして結果を出そうとする人が上司から頼りにされ、部下から信頼される管理職です。むしろ、制約を逆手にとって、価値を生み出すことさえできます。

『シン・ゴジラ』『シン・ウルトラマン』などの映画監督の樋口真嗣氏が、インタビュー番組で次のようなことを語っていました。昔は特撮に多大な費用がかかったため、できるだけウルトラマンと怪獣の戦闘シーンの時間を短くしろとの制約を突きつけられていた。そこで、当時のスタッフたちが考え出したのが初代ウルトラマンの胸についているカラータイマー。ウルトラマンが地球上にいられる時間を3分間に制限することで、その問題を解決した。

カラータイマーはその後、ウルトラマンの代名詞となりました。

制約があるからリーダーシップが発揮できないという言い訳を許さないためにも、「個人的には反対なのだが」などと口にする暇があったら、「これで行こう！」と部下を鼓舞しながらガンガン突き進んでいきましょう。

RULE 35

ユルい「心理的安全性」はチームをダメにする

仕事の基準を高めて
挑戦心をかき立てる

繰り返しますが、リーダーシップとは「自ら声を上げ、それに対して周りが喜んで動くような影響力」のことです。

私が勤めていた米国企業で、派遣社員の川口さん（仮名）がデータの一元管理を提案し、同僚たちの協力を得ながらそれを実現させたことがありました。これは川口さんのリーダーシップです。彼女が自分で声を上げ、周りが喜んでついてきてくれたのです。

リーダーシップのための「心理的安全性」

川口さんのように役職に関係なくリーダーシップを発揮しているメンバーが増えてくると、チーム内のリーダーシップの総量（リーダーシップ・キャパシティ）が高まっていきます。

川口さんがリーダーシップを発揮したのは、もちろん仕事への意欲もありますが、彼女の職場には、安心して発言できる環境、いわゆる「心理的安全性」があったからです。

「心理的安全性」とは、ひと言で言うと、「仕事の成果向上へ向けて安心して発言できる心理状態」のことです。メンバー間に気持ちへの配慮や気づかいがあり、どのような発言でも受け止めてもらえる。こんなことを言ったらバカにされないだろうか、上司から叱られないだろうかといった不安がなく、自由な発想で安心して発言できる――これが心理的安全性です。

職場に心理的安全性が醸成されるために必要なことは、メンバーの言動に対する上司やメンバーの肯定的な反応です。「ルール28」で紹介した「イエスの文化」――メンバーの発言をお互いが原則イエスで受け止め、その上で必要な議論を建設的に行う文化――はその典型例です。「イエスの文化」を職場に浸透させることで心理的安全性を醸成するのは管理職の役割です。

ただし、心理的安全性に関しては大事な注意点が1つあります。心理的安全性が「何もしなくても安全」「努力しなくても安全」だと、ユルい状態として誤解されてしまう可能性です。心理的安全性の本質的な機能は、あくまでも、主体的かつ建設的な議論がなされ、質の高い良い仕事ができる組織的な土壌です。失敗を受け入れてくれるから挑戦的な試みができる、前向きな議論文化があるからリーダーシップを発揮できる、このようにメンバーの主体的な意識と行動を引き出すものでなければなりません。

「ヌルい職場」ではなく「挑戦する職場」

石井遼介氏は著書の中で、心理的安全性と仕事の基準の高低を2つの軸として、職場環境を4つに分類しています（『心理的安全性のつくりかた　「心理的柔軟性」が困難を乗り越え

図表18 高い仕事の基準で「挑戦する職場」を

		仕事の基準	
		低い	高い
心理的安全性	高い	ヌルい職場 充実感のない 仲良しクラブ	挑戦する職場 挑戦心とメンバーの リーダーシップ
	低い	サムい職場 余計なことをせずに 自分の身を守る	キツい職場 不安と罰による コントロール

出典:『心理的安全性のつくりかた 「心理的柔軟性」が困難を乗り越えるチームに変える』(石井遼介、日本能率協会マネジメントセンター)をもとに一部を著者が修正

るチームに変える』日本能率協会マネジメントセンター)。

図表18に石井氏の分類表に著者が一部修正を加えたものを示します。この中で私たちが目指すべきは、心理的安全性が高く、仕事の基準も高い「挑戦する組織」です。単に安心して仕事ができるだけでなく、高い仕事の基準に対して、挑戦や工夫、そして協力して成果を高めるためのリーダーシップが要求されます。

川口さんのチームでも、急速な世の中の進化を踏まえて「現状維持は退化である」という上司のメッセージのもと、継続的にアウトプットの質的向上を図ろうという意識が共有されていました。その上での心理的安全性です。

一方、心理的安全性は高いが仕事の基準が低

い「ヌルい職場」は、質の低いアウトプットでも問題にされず、高い価値を提供することはできません。仲良しクラブとして、人によっては居心地がいいかもしれませんが、挑戦心も仕事への充実感もありません。

また、仕事の基準は高くても心理的安全性の低い「キツい職場」は、高いノルマとペナルティでコントロールされています。上司に対して部下が意見を言える雰囲気ではありません。短期的には成果が出ることがあるかもしれませんが、新しい発想や自発的な行動が生まれず尻すぼみになります。当然、メンバーのリーダーシップも期待できません。

さらに、心理的安全性も仕事の基準も低い「サムい職場」は事なかれ主義で、何もしない、何も言わないことが正解とされます。メンバーの士気もアウトプットの質も低いものとなり、いずれ社内で問題視されるようになります。

チームづくりは管理職1人でするものではなく、メンバーと力を合わせて行うものです。そのため、「挑戦する職場」としてチームを築いていきたいのであれば、そのことをメンバーにはっきりと宣言することが大切です。その上で、「イエスの文化」を醸成し、さらに仕事の基準を高く維持するためのメッセージを発します。川口さんの上司の「現状維持は退化である」がその1例です。他にも、「定型業務だけでなく、アウトプットの質を高めることも仕事である」など、メンバーが理解しやすい自分の言葉で語ることが大切です。

目指すチーム像に向かって、1人ひとりのメンバーがリーダーシップを発揮している――このようなチームの姿が見えてくれば、それはとりもなおさず、あなた自身がリーダーシップを発揮したことになります。管理職のリーダーシップによってリーダーシップを発揮する部下の数が増え、チームのリーダーシップ・キャパシティが高まっていくことで、チームは最強チームへ向けて成長していきます。

RULE 36

合い言葉は「誰もがリーダー、誰もがサポーター」

リーダーシップの総量が増えれば組織も人も強くなる

「挑戦する組織」としてチームのリーダーシップの総量を最大にすることを述べてきましたが、次のような疑問を持つ方がいるかもしれません。リーダーだけでなくサポート役の人も組織には必要なのではないか、あるいは、リーダータイプの人とサポートタイプの人が、それぞれの強みを生かすことでいいのではないか。

結論を言うと、それでも全員がリーダーシップを発揮できる組織を目指すべきです。このことは、リーダーシップの意味をよく考えてみれば、理解いただけると思います。

良きサポーターはリーダーシップを発揮している

「ルール35」で紹介したデータの一元管理においては、派遣社員の川口さんがリーダーシップを発揮しました。ただ、「そうだね、やろうよ」と共感した別の派遣社員Xさんが、データの一覧表を作成しながら対象範囲をもう少し拡大することを提案し、関係者の賛同も得たそうです。

Xさんの行動は、川口さんのリーダーシップをサポートするという流れで起きたものです。しかし、対象範囲を広げることを提案して関係者の賛同を得たという点では、それはXさんのリーダーシップでもあります。どのような小さな行動でも、そこに、「自ら声を上げ、それに対して周りが喜んで動くような影響力」があれば、それらはすべてリーダーシップです。これで、川口さんも大助かりです。すなわち、良きサポーターは、実は良きリーダーシップを発揮しているのです。

リーダーとサポーターは頻繁に入れ替わる

上司がリーダーで部下がサポーターという関係が逆転することもあります。派遣社員の川口さんがファイルの共有化作業を始めるときに、上司が会議の席で部下全員に、「私もサポートするので、皆さんも必要な協力をしてほしい」とひと言伝えたそうです。これで川口さんたちは仕事を進めやすくなりました。これは、川口さんたちのリーダーシップに対する上司のサポートです。

リーダーシップを発揮できる人は良きサポーターになれます。同じように良きサポーターは、実は良きリーダーの資質を持っているのです。「あの人はサポータータイプだからリーダーシップは求めなくてもいい」といったレッテルを貼るのは間違っています。どのような立場であれ、リーダーシップを発揮する力が必要なのです。

部下が上司にとっての最良のサポーターとなり、上司も部下にとって最良のサポーターとなる。さらに、メンバー同士もお互いがお互いにとってのリーダーでありサポーターである。「誰もがリーダー、誰もがサポーター」――このようなチームがリーダーシップ・キャパシティを最大化させる最強のチームです。

補足 リーダーシップとマネジメントの違い

これまで述べてきたように、リーダーシップとは、「自ら声を上げ、それに対して周りが喜んで動くような影響力」です。影響力の「力」という文字は、決断力や行動力と同じ能力であることを示しています。すなわち、リーダーシップは、誰もが発揮しうる「能力」です。

これに対して、「マネジメント」は、課長や部長という組織の管理職が担っている「役割」です。「マネジメントとは、目指すゴールへ向けてチームの成果を最大化させる役割」であり、マネジメントという役割を担う人がマネジャー（管理職）です。

このように、マネジメントという「役割」とリーダーシップという「能力」は種類の異なるものです。リーダーシップとマネジメントを比較して優劣を語ったり、どちらが重要であるかを議論したりすることには、まったく意味がありません。

本書で述べてきたように、マネジメントは単なる仕事や部下の管理を意味しているのではなく、組織のスピード感や生産性を高めて、より高いレベルでゴールに到達できるようにするための推進機能でなくてはなりません。もちろん、それは自己完結できるものではなく、部下の協力や関係部署との連携が必要になってきます。そこで役に立つのがリーダーシップという「影響力」です。

リーダーシップが良好に発揮できれば喜んで人が動いてくれ、チームメンバーの当事者意識や主体性も高まります。逆に、リーダーシップが発揮できずに、課長や部長という肩書きで人を動かそうとすると、反発を受けたり、嫌々従う面従腹背の集団になってしまいます。すなわち、マネジメントという役割を良質に行おうとすれば、そこには、リーダーシップという影響力が必要なのです。

なお、より詳しいリーダーシップに関しては、拙著『管理職3年目の教科書――マネジャー不要時代のリーダー論』（東洋経済新報社）にて述べております。

COLUMN

決してファイティング・ポーズを崩さない米国人

英語圏の人たちは「難しい」「大変だ」という言葉の代わりに「チャレンジ（challenge）」という言葉をよく使います。「チャレンジ」には「挑戦」という意味の他に、「難しいがやりがいがあるもの」という意味があります。難易度の高い案件に取り組んでいるときも、仕事が思うように進まないときも、「いやー、難しいな」とは言わずに「よし、チャレンジだ」です。

出張で海外の同僚と久しぶりに会ったときにも、「What is your challenge?（あなたのチャレンジは何？）」と挨拶代わりによく聞かれました。単に、いま取り組んでいる仕事が何かを聞いているのですが、「チャレンジ」という表現を使うことで、何となく、前向きで上質の仕事をしているような気分になれます。

米国の親会社で、ある役員秘書に「あなたのチャレンジは何？」と聞いたら、「最近、ボスの機嫌が悪いのだが、なだめすかしながら、ちゃんとスケジュール通りに働いてもらうこと」と、誇らしげに答えていました。

////////////////////////////////

人の脳は自分が発する言葉を他の誰の言葉よりも一番よく聞いています。もし、「難しい」「大変だ」と口癖のようにつぶやいていれば、それが脳ミソに刷り込まれて、「本当に難しくて大変だ」というネガティブな自己暗示をかけることになりかねません。その結果、常にドタバタせざるを得ない自作自演の滑稽な芝居を演じてしまいます。

常に「チャレンジだ」と口にしていれば、脳が自然とファイティング・ポーズをとることになります。だから、彼らはいつも自信満々に見えるのです。どんなときでも、ファイティング・ポーズを崩さないのが外資系のカルチャーです。「難しい」「大変だ」と口にして防御線を張るのは、彼らにすれば、背中を見せて逃げているような印象があるのでしょう。

もちろん、引かざるを得なくなることもありますが、そのときも、あからさまにギブアップするのではなく、ファイティング・ポーズをとりながらバレないように後ずさりする——これも、外資系では大切な作法です。

おわりに

あなたが管理職という役割を担った瞬間、あなたは部下の時間の一部を預かることになります。あなたが決めた方針で部下は動き、あなたの指示に従って部下は時間を使うからです。人にとって何より大切な時間を預かるに足るだけの力があるからこそ、会社はあなたを管理職として登用したのです。

時間と言えば、「時は金なり」ということわざがあります。しかし、私はこう思います。

「時は命なり」

生きている人間にとっての時間は、時計が時を刻むということだけでなく、いずれ終える人生の「命」を刻んでいるのです。これまで生きてきた数十年はあなたの命そのものであり、これから生きていく数十年もまたあなたの命です。いま過ぎた1分もあなたの命であり、これから過ぎる1分も、またあなたの命です。限りある時間は限りある命です。

部下の時間の一部を預かるということは、部下の命の一部を預かるということです。だからこそ、あなたと部下の時間を決して無駄にせず、いつの日か部下に「一緒に働くことができてよかったです」と言ってもらえるようなマネジメントを全身全霊で行う覚悟が必要です。高い質の仕事でチームとして最高の結果を出し、1人ひとりが価値あるビジネスパーソンとして成長していくようなマネジメントです。

幸いにも私たち日本人は、真面目、誠実、勤勉といった、世界から賞賛される優れた特性を持っています。明治維新での劇的な近代化や戦後の驚異的な復興など、時代の変曲点を乗り越えながら、次の時代を力強く築いてきた先輩たちのDNAを受け継いでいます。

変わりゆく時代に管理職としての道を歩み始めたあなたの、より一層のマネジメント力の強化と成長に、本書が少しでもお役に立てれば幸いです。

最後に、本書で紹介させていただいた、私が尊敬するトップクラスのビジネスパーソンの方々をはじめとして、仕事を通じて私の人生に良き影響を与えてくださったすべての皆さんに、この場を借りて御礼申し上げます。

2023年3月

櫻田　毅

【著者紹介】
櫻田　毅（さくらだ　たけし）
人材活性ビジネスコーチ／アークス&コーチング代表
九州大学大学院工学研究科修了後、三井造船（当時）で深海調査船の開発に従事。日興證券（当時）での投資開発課長、投資技術研究室長などを経て、米系資産運用会社ラッセル・インベストメントで資産運用コンサルティング部長。その後、執行役COO（最高執行責任者）として米国人CEO（最高経営責任者）と共に経営に携わる。2010年に独立後、研修や講演などを通じて、これまで1万人以上のビジネスパーソンの成長支援に関わる。日本投資顧問業協会、日本証券アナリスト協会などの委員を歴任。主な著書に『管理職3年目の教科書』（東洋経済新報社）、『外資系エグゼクティブの逆転思考マネジメント』（ぱる出版）がある。
【櫻田毅公式サイト】https://arcscoach.com/

新 管理職1年目の教科書
外資系マネジャーが必ず成果を上げる36のルール

2023年4月27日　第1刷発行
2024年8月19日　第5刷発行

著　者――櫻田　毅
発行者――田北浩章
発行所――東洋経済新報社
〒103-8345　東京都中央区日本橋本石町1-2-1
電話＝東洋経済コールセンター　03(6386)1040
https://toyokeizai.net/

装　丁…………石間　淳
ＤＴＰ…………小林祐司
印　刷…………ベクトル印刷
製　本…………ナショナル製本
編集担当………岡田光司
　ISBN 978-4-492-55823-2